Inhaltsverzeichnis

Mit Adam und Eva fing alles an

Als Adam erschaffen wurde, war Eva noch nicht da. Die brauchte er allerdings auch gar nicht, denn die weibliche Erweiterung zu Adam hieß damals wie heute in seiner Sprache "Adamah", wie der Erdboden, aus dem er selbst nach dem Willen des Schöpfers gemacht war. Ja, kein Zweifel, er, Adam, Mensch seines Zeichens, gehörte zur Erde, die der Stoff war, der freilich ohne ihn nichts vermochte, gar nicht eigentlich lebendig war. Er - Adam - gab ihr - Adamah - Leben, so wie der Schöpfer ihm Leben eingehaucht hatte. Solange er nicht existiert hatte, war auch die Erde nur ein Klumpen Lehm gewesen. Deshalb war sie sprachlich ihm nachgeordnet, obgleich sie zeitlich schon lange vor ihm dagewesen war. Sie, eine Ableitung von seinem Namen: der ganze Erdboden und alles, war darauf wächst, gehörte zu ihm.

Dann hieß es auf einmal, dieses Stück Stoff, mit dessen Hilfe er seine Träume verwirklichen wollte, sei verflucht: "Verflucht sei der Erdboden um deinetwillen!" Nicht um Adams willen, der Himmel bewahre; so etwas Gotteslästerliches konnte beim besten Willen auch der Schöpfer nicht behaupten. Sondern um Evas willen, die von Anfang an gestört hatte. Wenn er allerdings mit Eva zusammenleben wollte, mußte er die unangenehmen Folgen mit in Kauf nehmen.

Wollte er mit Eva zusammenleben ... ?!

- - - -

Als Eva erschaffen wurde, war Adam schon da. Und der Schöpfer fühlte sich rechtschaffen erschöpft von seiner Arbeit. Denn immerhin war dies schon der zweite Versuch, es Adam recht zu machen. Nach der Katastrophe mit Lilith.

Kein anderes Geschöpf hatte seinem Erfinder bisher soviel Einfallsreichtum abverlangt. Und die körperliche Arbeit war dabei noch die geringste! Ein paar Häufchen Lehm zusammenzubacken und sie kräftig anzublasen, war für einen Allmächtigen nur ein Kinderspiel. Eher waren es die endlosen Dispute mit der vorläfigen Krone seiner Schöpfungen, die ihm, dessen Macht sich doch gerade im Wort offenbarte, die Wörter im Mund herumzudrehen im Begriff war.

"DIR will ich ähnlich sein, nur DIR", hatte Adam ihm beschwörend zugerufen, kaum daß die erste Frau ihre Augendeckel zurückgeschlagen hatte. "Schaffe sie mir vom Leib! Sie macht mich DIR unähnlichlich. Ich will so sein wie DU. DU bis mein großes Vorbild. DU brauchst doch auch niemanden an DEINER Seite, bist auch nur Einer und kannst alles allein! Wie kann ich DEIN Abbild sein, solange ich eine Hilfe brauche? - Oder versteckst DU DEINE Gefährtin nur?" hatte er noch argwöhnisch flüsternd hinzugesetzt, doch laut genug, daß sein Schöpfer es nicht überhören konnte.

Der war verblüfft. Sein eigenes Geschöpf stieß ihn da mit der Nase auf etwas, dem er bisher noch gar nicht ins Gesicht gesehen hatte; nicht aus Verlegenheit etwa, sondern aus ehrlicher Unbekümmertheit: Er hatte sich so sehr bemüht, alle Lebewesen paarweise zu erschaffen. Dabei - aber das fiel ihm jetzt erst auf - sah ihm das gar nicht ähnlich. Wahrhaftig, er war nur Einer, "der Vater aller Ding'" wollte er sich nennen lassen, denn er hatte sie alle ohne Zutun einer Mutter gezeugt und geschaffen -, soviel er wußte (und konnte es etwas geben, das er nicht wußte?). Alles war aus ihm, dem Einen und Einzigen herausgekommen. Und doch gab es jetzt von allem und jedem zwei, männlich und weiblich. Und mußte erst Adam, sein eigenes Geschöpf, kommen, ihm darüber die Augen zu öffnen?

Wer war er, wenn er so wenig über sich selber wußte, daß er die Vorlage nicht kannte, nach der ihm das da entsprungen war? Oder hatten sich Erinnerungen aus längst verdrängten Zeiten in sein als makellos geplantes Werk hineinverwickelt?

Kein Zweifel, er brauchte Adam, um sich über sich selber klar zu werden.

Doch wozu dann Eva?

Auch in diesem Punkt war Adam eigentlich uneingeschränkt recht zu geben: Sie war überflüssig. Warum war sie dann trotzdem da? Warum lag ihm soviel daran, sie Adam schmackhaft zu machen, wo er doch selbst kein Weib erkannte...?

"Nimm sie", er schob sie ihm fast flehend zu, "du wirst sie brauchen, wenn du dich vermehren willst. Es gibt bis jetzt noch kein besseres Mittel ..."

Aber da hatte er die Rechnung ohne seine neue Krone gemacht: "Willst DU DICH selbst ad absurdum führen?" brauste Adam sofort gegen ihn auf. "DU selbst brauchst doch keine Frau, weder als Gefährtin, noch wenn DU neues Leben formst! Also kennst DU das Geheimnis der Selbstbefruchtung - und willst es nur nicht mit mir teilen! DU willst nicht, daß ich bin wie DU, das ist alles", schloß er in anklagendem Tonfall, die Unterlippe herausfordernd vorgeschoben. "Oder hältst DU sie vielleicht nur versteckt?" setzte er wiederum argwöhnisch hinzu.

Nun saß der Schöpfer in der Klemme. Aber er wäre nicht der Schöpfer gewesen, wenn er nicht doch noch auf den rettenden Einfall verfallen wäre.

"Ganz recht, du hat mich durchschaut", gab er schließlich widerwillig zu. "Ich sehe nur eine Möglichkeit, dich MIR anzuverwandeln: Wir müssen Eva dir einverleiben. Damit sie wirklich Bein von deinem Bein und Fleisch von deinem Fleisch werden kann. Dafür muß ich dir einen Knochen herausoperieren, einen allerdings, von dessen Sorte du soviele hast, daß du ihn ohne weiteres entbehren kannst. Das dünkt mich kein zu hoher Preis: Das Weib als Bild und Ein-Bildung, nicht an deiner Seite, sondern aus deiner Seite, das ist ein Unterschied, der den Späteren gar nicht mehr auffallen wird. So ist sie dein Geschöpf und wird es ewig bleiben. Das ewig Weibliche wird dich verlocken als dein eigener Schatten. Und lieben wirst du, wenn du sie liebst, immer nur dich selbst."

Der Weibmann, der nach dieser langen Rede weitreichendem Sinn endlich das Licht der Welt erblicken durfte, versetzte Schöpfer und Geschöpf in helles Entrücken: Der Mann, der im äußersten Fall (die Bandbreite ist unendlich variabel) so aussehen und auch sich so benehmen kann, als wäre er eine Frau, - und dabei ganz und gar ein Mann doch bleibt; denn alles, was ein Mann sich einbildet, ist doch unzweifelhaft männlich.

"So laß diese da gehen", befahl der neue Mann gleich, nachdem er die Augen aufgeschlagen und gesehen hatte, daß Eva immer noch da war. "Denn schließlich kann ich jetzt alles ganz alleine schaffen", ließ er sich selbstgenießerisch vernehmen.

Nur die Fortpflanzung konnten sie Adam nicht einbilden. Dazu brauchten sie Eva immer noch leibhaftig. Wenn auch keine Minute zu lang, bitte schön, denn Adam wollte sich so wenig wie möglich Zeit von seiner Göttähnlichkeit abknapsen. So sorgte er dafür, daß die körperliche Begegnung zwischen ihnen ein beschänkter Akt blieb: mit Haftung auf Evas Seite, versteht sich. Und wenn er doch einmal zu lange Spaß daran hatte, dann sagte er anschließend "Hure" zu ihr, damit alles wieder ins rechte Lot kam und er sich nicht schuldig fühlen mußte, seiner Gottebenbildlichkeit zu lange abtrünnig geworden zu sein.

Eva aber, auf die sie während Adams Schönheitsoperation nicht achten konnten, Eva hatte sich in der Zwischenzeit davongeschlichen; fort von der Pflanzung war sie gegangen und hatte nur noch eine Attrappe ihrer selbst zurückgelassen. Das fiel Adam in seiner Selbstbespiegelung jedoch nicht weiter auf, denn was er sich nicht einbilden konnte, konnte er sich auch nicht vorstellen, und in seiner Vorstellung hatte Eva noch nie ein Eigenleben besessen...

Darum bleiben Männer lieber untereinander - oder übereinander, wie mann's nimmt. Frauen hat Adam deshalb bis heute nicht erkennen können. Sein Liebesleben spielt sich unter Männerphantasien ab. Die kann er nach seinem Willen formen, ganz wie sein Schöpfergott es ihm eingab. Die sich nicht formen lassen, folgen der ersten Eva ins freiwillige Exil, von dannen sie kommen werden, zu richten die Lebendigen ..., aber das ist ein Halbsatz aus einer anderen Geschichte, der sich hier unbotmäßigerweise eingeschlichen hat.

Und nun, da die schwarze Katze einmal aus dem bis dato hermetisch zugebundenen Sack der Schöpfungsgeschichte entwichen ist, wird sie sich wohl flugs dorthin verfügen, wo alle schwarzen Katzen seit je zu Hause sind: zur Göttin Freia, der die Frei-Tage heilig sind. Und wenn das Loch im Sack groß genug geworden ist, daß sie mit ihrem Katzenwagen dort Einzug halten kann, dann wird die Schöpfungsgeschichte wohl noch einmal neu geschrieben werden müssen.

Wird dann das Chaos über uns hereinbrechen?

Oder wird es dann endlich die lang ersehnte Heilige Hoch-Zeit geben?

Auf jeden Fall wird kein Stein mehr auf dem anderen bleiben - weil sie nämlich dann: - - - nebeneinanderliegen.

Golden Gate

Die Schechinah - die Wohnung Gottes auf Erden - hatte den Tempelplatz durch das Tor verlassen und Gott mit sich fortgezogen. Seither lag es unbenutzt und wartete auf den Messias, der am Ende der Zeiten wieder hindurchschreiten und die Schechinah zurückbringen wollte. Und um den Messias der anderen am Eintritt zu hindern, hatten die Moslems es schließlich ganz zugemauert. Aus allen vier Bögen starrte es nun blind in die Welt, nach vorne auf den moslemischen Friedhof, nach hinten auf den früheren Tempelplatz der Juden. Versiegelt wie eine zugepfropfte Wespenwabe drückte es seine beiden Kuppeln ins Geröll wie ein Kamel seine Höcker bei Sandsturm: Das Goldene Tor - ein Sandstaubfänger zu Füßen des Ölbergs.

Die Junge Archäologin näherte sich dem Gebäude von der Rückseite. Wie zwei reife Dotter brieten die Kuppeln vor ihr in der Mittagssonne und strahlten Hitzewellen zum Himmel zurück. Grasborsten durchwachsene Stufen führten vom Platz des früheren Tempels hinab in die Tiefe. Die versprach weder Kühle noch Schatten, doch ihre Besucherin zog es trotzdem dorthin. Aus purem Interesse, und weil es ihr Beruf war, den stummen Steinen nachzuspüren und sie gegebenenfalls zum Reden zu bewegen.

Als sie wieder nach oben wollte, war der Weg versperrt. Durch eine lebende Mauer, die schnell größer wurde und von Sekunde zu Sekunde auf sie zuwuchs wie eine Hecke um das schlafende Dornröschen. Nur daß sie hellwach und an Schlaf nicht zu denken war. Ein Mann in den mittleren Jahren hatte sich am oberen Ende der Stufen aufgepflanzt; und der wollte, daß sie blieb. Er da oben und sie da unten. In einem Loch von zwei Kerkern Breite und mit dem Ausblick auf einen Streifen Grün am oberen Horizont. Ohne Wasser und mit einer strafenden Sonne über dem Scheitel.

Der da oben zückte jetzt langsam das, was man gemeinhin für die natürliche Waffe seines Geschlechts ausgibt. Und als wenn er sich damit alleine noch zu verwundbar fühlte, ließ er nachdrücklich etwas aus seiner Hosentasche schnappen, das in der Sonne blinkte und eine zusätzliche Waffe war: ein Messer -, wie geschaffen zum Heckenrosenschneiden.

Die Frau mit dem Rücken zur Mauer, die vor langer Zeit ihre Öffnung verloren hatte. Warum konnte sie jetzt nicht wenigstens einen Spaltbreit nachgeben? Aber das wäre vor der Zeit und gegen die Abmachung dreier Weltreligionen. Erst wenn die Zeit erfüllt ist, werden die Steine bröckeln, und es war unwahrscheinlich, daß der Jüngste Tag hereinbrechen würde, nur weil eine Frau ohne Ausweg war.

Nichtmals der Königin von Saba gedachte man hier mehr. Obwohl die Säulen, die sie mitbrachte, im Torgehäuse eingekerkert sein sollen. Unsichtbar, den Blicken der Neugierigen entzogen, so will es die Legende. Warum hat man das Tor nicht nach ihr benannt? Schließlich hat das Stefanstor vom heiliggesprochenen Stefan und das Herodestor von Herodes seinen Namen. Und die Königin von Saba schleppte die beiden Säulen auf ihren eigenen Schultern zu Salomo, Sklavin schon, ehe sie zu seiner Bewunderin wurde, wenn schon nicht zu seiner Untertanin. Nach Frauen, die Geschenke bringen, benennt man wohl keine Tore. Dann schon lieber nach Kindermördern.

Selbst Königinnen bleiben vor der Geschichte unsichtbar. Wie die beiden Säulen, in die sie sich jetzt gerne verwandelt hätte, wenn das Wünschen noch geholfen hätte. Oder unsichtbar sich gleich der Schechinah in die Lüfte erheben und auf bessere Zeiten warten. Aber die Zeiten, in denen etwas Weibliches bei Gott war, sind schon lange vorüber. Darum ist es auch fraglich, ob ihr der Himmel gnädig sein wird. Obwohl sie mit dem Rücken zum Tor der Gnade steht.

Wenn man genau sein will, ist nur der südliche Torflügel für die Gnade zuständig, der nördliche dagegen für die Reue. Traditionen setzen der Phantasie gern Grenzen: Eingang ins Paradies finden die Unglücklichen durch's Tor der Gnade, die Glücklichen durch's Tor der Reue. Dafür müssen sie zuerst tot sein. Soweit ist es mit ihr noch nicht. Zu bereuen hat sie vorläufig nichts, und unglücklich ist ihre Lage gerade genug, und das Paradies könnte ihr gestohlen bleiben, wenn da oben nicht jemand den Durchgang versperrte wie ein Korken den Flaschenhals.

Es ist nicht gut, daß der Mensch allein sei ... Das Goldene Tor hat auch mit Adam und Eva zu tun. Weil seine erste Frau nicht unter ihm liegen wollte, geriet Adam in Streit mit ihr, und sie verließ ihn. Das war Lilith. Und Lilith nahm in Kauf, daß täglich hundert ihrer Kinder sterben. So wollte es der da droben in der Höhe. Erst mit Eva wurde Adam der Gnade teilhaftig. Die willigte wohl ein, unten zu bleiben.

Der da oben kommt immer weiter nach unten. Stufe um Stufe. Nicht schnell. Die Sonne steht noch hoch am Himmel. Er kann darauf rechnen, daß die Platzwächter im Schatten dösen...

Wenn sie Steine aufhebt, wird er auf ihren Rücken springen. Also läßt sie das besser. Auch die Wände hinauflaufen ist kein Ausweg. Nur den Nacken hinhalten wie ein Schaf - das noch weniger. Der Lämmer, die sich zur Schlachtbank führen ließen, waren schon zu viele. Und sie haben nicht die Erlösung, sondern nur grausigeres Morden heraufbeschworen.

Sie werden auf DIE schauen, die sie durchbohrt haben; nicht auf den, den Einen, einzigen Helden des "ein für allemal", sondern auf DIE, täglich, tausendfach und überall gleichzeitig auf der Welt. Durchstochen von oben und unten, und ohne daß Erlösung von dem Bösen in Sicht wäre.

Also Auge in Auge, und zwischen die Zähne ein Schrei. Der da oben nimmt plötzlich statt der Bohrwerkzeuge seine Beine in die Hand und rennt weg. Ein Wächter hat zur Ordnung gerufen. Der hat eine noch stärkere Waffe. Sie ist frei. Hört den Wächter noch schimpfen, aber er geht ihr nicht nach. Betäubt sucht sie den Ausgang. Er kann ihr nicht helfen, will es auch gar nicht, und sie will keinen von denen mehr sehen. Beim Stefanstor stolpert sie ins Freie.

Etwas wie Kaugummi ist plötzlich an ihrer Seite. Pudrig stäuben Worte in ihre linke Ohrmuschel, die sie erst langsam als solche erkennt:

"You want chewing gums, peanuts, drops, chocolate ...?"

Unter öligen Locken glänzt sein speckiges Gesicht mit dem Schnurrbartflaum, den Hals in einem verschossenen Hemdkragen, der durch die Gurte eines Bauchladens an seiner Entfaltung gehindert wird. An Abweisung ist er gewöhnt; er läßt so schnell nicht locker.

"What else do you want, madam ...? Oh, I know!" Ein Leuchten mischt sich unter die Pomade: "You want - husband!"

Triumphierend brechen sich die Worte an ihren Ohren.

"Look at me! I'm husband for you! I marry you. I make you happy! I take you tonight!"

Fehlte nur noch, daß er gesagt hätte: "Special price for you." Aber der Preis war ohnedies zu hoch. Mit dem Leben hätte sie heute beinahe schon gezahlt. Nun war ihr nicht mehr nach Handeln zumute.

"I make you happy!"

Wie kam er nur dazu?

"You don't believe me? Believe me, by my heart!"

Doch als seine Hand zum Herzen schlagen wollte, fegte sie statt dessen nur ein paar Kaugummipäckchen vom Bauchladen hinunter in den Staub. Er mußte sich bücken. Aus der Traum von Hochzeit.

"You don't want to be happy?" - Verfolgung zwecklos.

Plötzlich spielten die Häuser der Jerusalemer Altstadt Versteck mit ihm. Sie war seinen Blicken entzogen. Endlich unsichtbar.

Jetzt nur noch ein Taxi. Dem Fußweg zum Maison d'Abraham fühlte sie sich heute nicht mehr gewachsen.

In der Eingangshalle das Bild. Sie hatte es noch nie genau angesehen: "Abrahams Schoß" stand darunter. Nichtmals im Himmel wagen sie es, sich dem Schoß einer Frau anzuvertrauen.

"Ich will dein Geschlecht zahlreich machen wie die Sterne."

Das ging nur mit Sarahs Zustimmung. Dennoch sprach man nie vom Gott Sarahs, Rachels, Leas und Rebekkas wie man vom Gott Abrahams, Isaaks und Jakobs sprach.

Langsam kehrte sie dem Bild ihren Rücken zu. Wenn sie eines Tages zu dem da oben kommen würde, würde sie noch an der Himmelpforte umdrehen und mit ihrem Pferdefuß die Tür zuschlagen.

A Real Piece

"It's a real piece", pries ihn der Besitzer des kleinen Ladens in der Altstadt von Jerusalem und ließ Augen wie Tollkirschen über sein Gesicht rollen, um mir den Wert dieses bezaubernden Stückchens Ton in seiner Hand einsichtig zu machen.

'Na, so schlimm wird es wohl nicht sein', versuchte ich mich innerlich zu wappnen, und wußte doch zu genau, was ich da vor mir hatte: Ein Krug aus der Eisenzeit, Eisen II, wenn man genau sein wollte - "David-Time". Die typische Form, rundlich, bauchig und simpel. Nicht zu vergleichen mit den Töpferarbeiten der Hyksosperiode, die fünf Jahrhunderte zuvor bereits wesentlich dünnwandigere und formenreichere Geräte herzustellen wußte. Sogar die Bronzezeit, 3. Jahrtausend v. Chr., kannte phantasievollere Stücke als dieses hier. Dafür hätten aus diesem hier schon Saul und David ihre Ziegenmilch geschlürft haben können. Ein Argument, das immer zieht. Der Verkäufer weiß das.

Wie soll auch die anonyme Bronzezeit etwa gegen einen König aufkommen, den jeder schon im Klassenzimmer der Grundschule oder am eigenen Wohnzimmertisch zu Besuch hatte; und dessen Geschichte man, wenn es darauf ankäme, glänzender nacherzählen könnte als die eigene, persönliche, über die man normalerweise nicht Buch führt, zumindest nicht vor aller Öffentlichkeit. Und eben: das Stück ist echt, und vor allem - aus einem Guß. Damit hat es in der Tat einen gewissen Seltenheitswert. Erstaunlich genug in einem Land, wo alles in Scherben gegangen ist; und wo man andererseits Welten aus einer einzigen kleinen Tonscherbe erstehen läßt.

Da ist es schon eine runde Sache, so einen kleinen Krug in der Hand zu wiegen und zu wissen, daß er unversehrt aus einem Wüstengrab herausgebuddelt wurde, damit er Zeugnis gebe von längst verschütteten Zeiten, die uns durch seine Existenz auch nicht näher kommen werden. Nie wieder wird ein Mensch aus ihm Wasser schöpfen. Und wovon er reden könnte, wenn Tonscherben plötzlich den Mund aufmachen könnten, darüber brauchen wir uns erst gar nicht den Kopf zu zerbrechen. Was der Ton nicht preisgibt, weiß der Archäologe ohnehin tausendmal besser. Und könnte die Scherbe reden, guckte der Archäologe wahrscheinlich in die Röhre. Also ergänzen sie sich doch prächtig, und der Archäologe wird dankbar sein, im Ton einen Partner gefunden zu haben, der ihm immer nach dem Mund redet und den er ganz nach seinem Willen formen kann.

Was dabei herauskommt, ist: "Das Land der Bibel" - in Schichten fein säuberlich seziert und auf Plastiktafeln veranschaulicht, damit man die Risse und Sprünge nicht wahrnimmt, die das Land durchziehen.

Alles ist willkommen, wenn es nur tief genug in die Vergangenheit und weit genug weg von der Gegenwart führt.

Der gutgläubige Pilger ersteht "Holy-Land-Air" im Doppelfrischhaltepack, streicht "St.-John's-Honey" aus irdenen Töpfen aufs Brot, schöpft "Water from the Holy Jordan" ins Einmachglas, kratzt mit seiner Schaufel ein bißchen "Holy-Land-Earth" in den Plastiksack und klaut in unbewachten Augenblicken einen Mosaikstein aus dem Fußboden einer byzantinischen Basilika.

Alles heilig, - weil es von gestern ist. Nur die Geschäftsleute, die leben heute davon. Sind sie ein bißchen findiger, dann werden sie Archäologen. Der Betrug ist annähernd derselbe: In der Konserve hält sich kein Leben, und wenn doch, dann steht das Verfallsdatum schon fest. Ob man zu Hause seine Kinder mit dem Jordanwasser taufen läßt, sich ein bißchen

Heilig-Land-Luft aus der Alu-Dose um die Nase wehen läßt oder einen Krug aus den Zeiten König Davids auf seinem Bücherregal zum zweiten Mal verstauben läßt: Die Vergangenheit wird dadurch weder zurückgeholt, noch macht es die Gegenwart lebenswerter. Und die Traditionen, mit denen man sich zu verbinden glaubt, sie versinken im Nebel der Geschichte, aus dem sie ab und zu wie kleine Inseln wieder auftauchen, von denen man sich eine Zeitlang tragen lassen kann, ehe sie von der nächsten wissenschaftlichen Hypothese erneut zum Untergang verurteilt werden.

Selbstverständlich habe ich mir den Krug einpacken lassen. Nachdem ich zu Hause die Sinterung ein bißchen unter die Lupe genommen hatte, kamen mir Zweifel an seiner Echtheit. Ein wenig Leitungswasser - und ich wäre der Sache bald auf die Spur gekommen ... Doch er steht heute noch so im Regal, wie ich ihn erstanden habe: Unversehrt und unbekümmert um die Risse und Sprünge, die er sich vielleicht auf seiner Reise durch die Zeiten zugezogen hat und nun unauffällig unter seiner rauhen Schale verbirgt. Mir scheint, er ist auf diese Weise - wieder - zu einem echten Zeitgenossen geworden. It's a real piece - im wahrsten Sinne des Wortes!

Die Grotte von Bethlehem

Weihnachten im Heiligen Land kündete sich in der Regel dadurch an, daß der Himmel bisweilen bleierner auf den Köpfen lastete und in seltenen Fällen sogar wasserreiche Flocken auf die Erde schickte, die den Verkehr zum Erliegen brachten und die Lebensmittelabteilungen der jüdischen Kaufhäuser in leere Regalfluchten verwandelten. Wenn zwischendurch die winterlichen Temperaturen wieder auf 25°C kletterten und eine lachende Sonne die Angst vor schneeverwehungsbedingten Versorgungsengpässen im Herzen der jüdischen Bevölkerung auslöschte wie eine Chanukkah-Kerze am offenen Fenster, dann konnten sich die Gaspedale der jüdischen Wagen wieder des Drucks ihrer sorglosen Benutzer erfreuen und die Scheibenwischer der arabischen Busse durften hoffen, auch in diesem Jahr um die längst fällige Reparatur herumzukommen.

Das Leben trottete weiter in seiner gewohnten Gangart und ließ sich durch Weihnachten nicht aus der Ruhe und schon gar nicht aus der Fassade bringen. Im christlichen Viertel zu Jerusalem wurden schüchtern Konfetti und Christbaumkugeln an die Fensterfront dazu ausersehener Geschäfte geschoben, und die wenigen Nadelbäume, die das Land noch besaß, warteten mit hängenden Ästen auf ihre Schlächter. Regenbogenfarbene Elektrokerzen versprachen einen Schimmer von Disney-Land fürs christliche Wohnzimmer und überstrahlten ihre biederen wächsernen Geschwister, die es an Farbenpracht gleichwohl mit ihnen aufnehmen und an Einfallsreichtum einen Märchenwald in den Schatten stellen konnten.

Außerhalb des christlichen Viertels hatte der Advent eine Tarnkappe übergestreift. Unsichtbar mußte er zusehen, wie die Mehrheit der Bevölkerung keine Notiz von ihm nahm, denn sie hatte keinen Grund zum Feiern; nichtmals zu Neujahr, denn um diese Zeit wurde das neue Jahr der Juden bereits drei Monate alt, und für die Muslime war, wie immer, der Ausklang des Ramadan mit dem Fest der Kleidererneuerung zusammengefallen. Das jüdische Chanukka-Fest aber, ein Lichterfest zur Wintersonnenwende, war zu häuslich, um das Stadtbild zu seinen Gunsten umzuprägen.

So blieben die Christen im Heiligen Land mit ihrer Festvorfreude allein, und selbst das Weihnachtsfest konnten sie nicht gemeinsam feiern, weil die Kalender der Ost- und West-Kirchen sich, wie in jedem Jahr, dagegen aussprachen. Wer von Weihnachten noch nie genug bekommen konnte - hier bot sich ihm die einmalige Gelegenheit, es mehrmals hintereinander und nach verschiedenen Riten gleichzeitig feiern zu können, ohne sich lächerlich zu machen.

Der alte Mann, der gerade ungebeugt in die obersten Stufen des Davids-Suk eintauchte, sah jedoch nichts von alledem. Er war blind für die vielfältigen Risse, die seine Wahlheimat überzogen wie ein schlecht geflicktes Fischernetz. Für ihn war Jerusalem nicht die Stadt, in der drei Weltreligionen um ihre Daseinsberechtigung kämpften und zehnerlei christliche Konfessionen die Weihrauchfässer gegeneinander schwenkten, sondern für ihn war sie in erster Linie die Stadt Jesu Christi, Schauplatz seines Lebens und Wirkens und vor allem - seines Todes am Kreuz. Daran mußte er denken, während seine Schritte über die Pflastersteine der Jerusalemer Altstadt zur Frühmesse in die Grabeskirche hasteten. Die schuppigen Rolläden vor den Geschäften räkelten sich noch verschlafen in ihren Halterungen und quietschten metallen, wenn sie vereinzelt schon aus ihrer dämmrigen Ruhe gerissen wurden.

Um diese Zeit waren die engen Gassen der Altstadt noch nicht zu vollem Bewußtsein gelangt, und keiner der üblichen Schubkarren mit rohem Fleisch - einen respektlosen Rotzlümmel auf dem Bremsreifen hinter sich herschleifend - fand Gelegenheit, sich zwischen die zielstrebig ausschreitenden Beine eines in sich gekehrten Spaziergängers zu verirren.

Der alte Mann war auch Mönch, aber das gab der Blick nicht jedem Beobachter preis. Wenn er - wie so häufig - die Mönchskutte mit Overall und Springerstiefeln vertauschte, um sein archäologisches Exkursionsgelände zu erproben, dann hätte man ihn viel eher für einen ungetarnten Militaristen als für einen frommen Spurensucher auf den Pfaden seines heilig gewordenen Herrn und Meisters halten können.

Sein Lebenslauf jedoch hatte das, was dem ersten Anblick zwei unvereinbare Gegensätze zu sein schienen, zur zwittrigen Einheit zusammengeschliffen. Das Mönchsgelübde hatte der Kugelhagel des zweiten Weltkriegs ihm abgetrotzt, als er den Dank, wider Erwarten mit dem Leben davongekommen zu sein, nicht anders zum Ausdruck zu bringen wußte, als sein Leben fortan dem zu weihen, aus dessen Händen er es so spürbar zum zweiten Mal zurückempfangen hatte: dem Mann aus Nazareth, der die Fieberträume seines im Lazarett bereits aufgegebenen Körpers zuerst beherrscht und dann vertrieben hatte. Herausgestanzt hatten die Läuterungsprozesse seines Daseins schließlich eine Mischung aus unnachgiebiger Frömmigkeit und asketischer Rauhbeinigkeit, die sein unbeholfenes Werben um Freundschaft unter einer Decke von Mißverständnissen erstickte.

Kampf bestimmte sein Leben, dessen Ende er weniger fürchtete als die beginnende Eintrübung seines Augenlichts, der er trotzig die hilfreiche Brille verweigerte. Sein religiöser Fanatismus, der gegebenenfalls sogar bereit war, die Feier der Heiligen Messe über die Rettung eines Menschenlebens zu stellen, war wenig dazu angetan, ihm Sympathien zu erwekken. Wie sollte er auch begreiflich machen, daß für jemanden wie ihn, der dem Tod so unbehaust hatte ins Auge sehen müssen, dieser düstere Gevatter jeden Schrecken verloren hatte, und daß er, getreu den Buchstaben seiner Bibelauslegung, eher den Körper als den Geist zu opfern bereit war, selbst wenn es gar nicht um sein eigenes, sondern um anderer Leute Leben ging.

Aus diesem und manchem anderen Grunde war er heute menschenseelenallein auf dem Weg in die Frühmesse, die niemand mit ihm feiern wollte. Allein führte er vor den leeren Bänken der Kapelle, die an die Geißelung Jesu gemahnen sollte, alle vorgeschriebenen Lesungen und Gestikulationen aus und ging dann wieder nach Hause, um seine Studenten, die ohne seinen geistlichen Beistand auszukommen glaubten, wenigstens mit archäologischem Rüstzeug zu versehen.

Der Morgen des Heiligen Abends überzog eine unvorbereitete Landschaft mit dem Zauber einer hauchdünnen Schneedecke, und die letzten Blüten im Garten fanden sich zum Festtag plötzlich mit einer weißen Kristallhaube herausgeputzt, die gebrochen im ersten Sonnenlicht funkelte.

Gegen Abend fiel die Heizung aus, aber das störte niemanden, weil man die Nacht ohnehin nicht zu Hause verbringen wollte. Die Tradition des Klosters wollte es, daß die Studenten in der Nacht, die auf den Heiligen Abend folgte, nach Bethlehem zogen, und ein warmer Schein schlich in die Augen des schwachsichtigen Mönchs, wenn er an das bevorstehende Ereignis dachte.

Heute würde man ihn nicht alleine gehen lassen, nein, ganz im Gegenteil, heute war er sogar bestimmt, den Hauptpart in der Szenerie zu spielen, die er für sich und die anderen ersonnen hatte.

Es ging schon gegen Mitternacht, als sie aufbrachen, um den Geburtstag ihres Herrn an Ort und Stelle meditieren zu können. Zu Fuß, nur Straßen und Sternen folgend, wie es sich in einer Heiligen Nacht von selbst versteht. Die Stadt Davids verriet ihr Näherkommen durch den Duft von Schisch-Kebab und Zuckerwatte, der sich gemächlich wie ein Fangnetz über empfindliche Nasen stülpte, um sich dann Schritt für Schritt fester zusammenzuziehen, bis die letzte Biegung des Weges endlich den Blick freigab auf das jahrmarktähnliche Treiben, das Scharen erbauungswütiger Pilger der Stadt allweihnachtlich zum Geschenk machten. Glühbirnensterne schaukelten im Vierfarbschein über ihren Köpfen und sandten ein trübliches Licht auf den Asphalt, an dessen Rändern ihre Vorgänger nur noch den gräulichen Brei zermalmten Schnees hinterlassen hatten.

Als sie ankamen, hauchte der Budenzauber gerade seinen ranzigen Atem aus und die scharrenden Geräusche müder Reisigbesen klangen nach Katzenjammer. Nur die Kontrolle vor dem Eingang zum heiligen Bezirk stand noch auf Posten, zur Leibesvisitation für Befugte und Unbefugte. Die Geburtsgrotte unter dem Kirchenschiff, auf deren Boden der blecherne Stern heute kaum auszumachen war, schlug sie ein in das warme Tuch der stickigen Schwüle dichtatmender Menschenleiber. Kein Ort, um lange zu verweilen. Und das wollten sie auch gar nicht, denn das eigentliche Ereignis, das worauf der alte Mönch in bebender Erwartung den ganzen Advent über zugehalten hatte wie auf ein Wunder, wartete erst draußen vor der Tür, jenseits von Rummel, Markt und Maschinengewehr.

Zielbewußt suchte der Pater seinen Weg zu den Ausläufern der Kleinstadt. Die Hirtenfelder von Bethlehem - dort lagen sie im matten Glanz eines kalten Winterhimmels, und keine Neonröhre war angebracht, sie aus ihrer beschaulichen Stimmung zu reißen. Der alte Mann schritt mit den zielsicheren Tritten des ausdauernden Wüstenläufers so behende aus, daß seine erwartungsvollen Studenten ihm kaum zu folgen vermochten. Eine Höhle am Rande der Hirtenfelder war dazu ausersehen, den Endpunkt ihrer Pilgerschaft auszulösen. Schlicht wie ihr Erlöser selbst, so wollten sie das Fest seiner Geburt begehen, abseits des sensationslüsternen Gedränges und in einem unbehauenen Stall, wie das judäische Bergland sie seinen Bewohnern zu Dutzenden bietet, damals so steinig wie heute.

Hier endlich sollte das Weihnachtsfest wieder dem ursprünglichen Erleben zurückgegeben werden, wie es den unbehausten Lebzeiten des späteren Gottessohnes entsprach, der keinen Stein hatte, sein Haupt darauf zu legen, viel weniger eine Kirche um seine Ankunft zu feiern.

Mit einer Taschenlampe leuchtete der alte Mönch die Grotte aus, die Zeugin des eigentlichen Weihnachtsgeschehens werden sollte, das auf all den Glitter verzichten konnte, das Traditionen darum angehäuft hatten, bis der Stall von Bethlehem zur erbaulichen Metapher verschwommen war, welche die ursprüngliche Erfahrung auf ihren breitgetretenen Trampelpfaden schon längst überflügelt hatte.

Der gelbe Schein in seiner Hand glitt triumphierend über grindige Felswände und schlafende Fledermäuse, um plötzlich erstarrt an Gegenständen haften zu bleiben, die dort offensichtlich fehl am Platz waren: Latten und Vorratssäcke, Kisten und Hausrat; die Höhle war bereits besetzt! Zweckentfremdet dem Brauch der Vorjahre, der hier eine Heilige Messe feiern wollte, wie sie dem Geschehen vor zweitausend Jahren am nächsten gekommen wäre.

Der alte Mönch, der sich so unvermutet um den Höhepunkt des Jahres betrogen sah, ließ sich jedoch nur einen Augenblick lang aus der Fassung bringen. Dann fing er an auszuräumen, was seinem Vorhaben im Wege stand: Bretter, Futtersäcke und Holztröge, Hacke, Spaten und Pflug - alles wanderte seinen Weg in die luftige Freiheit einer sternklaren Winternacht. Ein Fenster in der Nähe zeigte plötzlich Licht, und die Umrisse eines breitschultrigen Mannes kamen drohend auf die kleine Gruppe zugelaufen. Aber da war das Unglück schon nicht mehr abzuwenden, mochte er schimpfen, soviel er wollte. Was verstand schließlich ein Muslim von den Ereignissen der Heiligen Nacht? Und daß es wichtig war, eine Heilige Messe gerade hier zu feiern. Was war ihm überhaupt eingefallen, aus dieser Grotte einen ganz gewöhnlichen Stall zu machen?

Der betriebsame Pater wischte sich den Schweiß aus den Augenwinkeln und schob seine Studenten, denen längst nicht mehr nach Festtag zumute war, wie Schafe in den Pferch. Der finster dreinblickende Araber wurde mit einem Bakschisch an seine Ohnmacht erinnert und mit dem Versprechen abgespeist, binnen einer Stunde wieder Herr seiner zurückgeräumten Besitztümer zu werden.

"Ehre sei Gott in der Höhe, und Friede den Menschen, die guten Willens sind", hätte das Stimmengemurmel aus dem Inneren seines Stalles ihm schon bald darauf verraten können, wenn er noch draußen gestanden und zugehört hätte. Doch da er kein Deutsch verstand und außerdem nicht streitsüchtig war, hatte er sich schon längst wieder abgewandt und war eben im Begriff, die Schekelnoten auszubreiten, zu denen der Tauschhandel ihm verholfen hatte. "Ich werde ein ordentliches Schloß für das Geld kaufen," erklärte er seiner Frau, die schlaftrunken zu ihm hinüberblinzelte, "diesen Christen fehlt es offensichtlich an Achtung vor dem Eigentum fremder Leute".

Teppichkauf

Der Laden war düster. So düster wie der Blick des Mannes, der ihr aus der Tiefe der Höhle entgegenglomm wie ein erloschenes Kohlenfeuer. 'Dem möchte ich nicht im Dunkeln begegnen', dachte die Frau noch, als sie die Stufe hinunterstolperte, die den Eingang bildete. Der Mann auf dem Teppichballen blieb von alldem unberührt. Starrte weiter ins Leere - stumm und grußlos inmitten der fröhlichen Farben, die Decken und Tücher um ihn herum ausbreiteten.

'Am besten, ich gehe gleich wieder', schoß es ihr durch den Kopf, doch dann sah sie den Teppich - und blieb. Er war das, was sie schon lange gesucht hatte, farblich, und überhaupt. Der und kein anderer, soviel stand fest. Fest stand nur noch nicht der Preis, für den sie ihn erwerben konnte. Aber das hatte Zeit. Vielleicht bis morgen. Heute war es ohnehin schon spät ... Und vielleicht würde morgen ein anderer Verkäufer ... Mit dem hier war offensichtlich nicht gut Kaffee trinken. Sonst hätte er ihr schon längst einen angeboten. Ein seltsamer Bursche - und so gar nicht bei der Sache. Und dieser finstere Blick, den er durch sie hindurchbohrte, als sei sie auch nicht mehr als eins dieser dünnen Baumwollhemdchen, die da achtlos vor ihr im Durchzug flatterten. Sie konnte sich nicht dagegen wehren, denn er hielt sie fest, dieser Teppich, und seinen unbequemen Verkäufer mußte sie wohl oder übel mit in Kauf nehmen. Oder sollte sie lieber doch erst morgen? Wie sollte sie den Preis aushandeln, wenn dieser dunkle Mensch kein Wort aus sich verlor? Doch - jetzt kam eines. Sogar mehrere Wörter hintereinander. Und viel zu dicht neben ihrem linken Ohr, schreckte sie plötzlich zusammen. Und wie flink er auf einmal war!

Wie ein dunkler Panther, der in einem unbemerkten Augenblick zum Sprung ansetzt. - War sie schon Beute? Eben hatte sie noch gehen wollen. Jetzt ging das plötzlich nicht mehr. Dieser unfaßbare Schatten hatte sich einfach zwischen sie und die Stufe geschlichen, über die sie vor Minuten hereingefallen war.

"You want tea, coffee?" murmelte die fremde Stimme neben ihrem Ohr.

'Nein, nichts', wollte sie sagen und sich endlich den Weg frei machen zum Ausgang, 'vielen Dank, ich komme morgen wieder', - oder vielleicht nie. Es mußte ja nicht unbedingt dieser Teppich sein.

Doch er hatte das Stück schon von der Wand genommen und vor ihren Füßen auseinandergerollt. Jetzt blickte er erwartungsvoll zu ihr hinüber: Nein, an dem kam sie nicht vorbei, das hatte sie gleich gemerkt. Und nun auch noch dieser Mensch zwischen ihr und dem Ausgang... Warum kam denn niemand sonst zum Laden herein? War es denn wirklich schon so spät?

Sie wäre ja auch vorbeigegangen, nach Hause, zum Abendessen, wenn nicht diese verflixte Stufe sie hineingezogen hätte. Oder können Blicke Menschen ansaugen? Natürlich sollte sie jetzt einfach gehen. Dieser Mensch war ihr schon vom ersten Blickwechsel an nicht geheuer gewesen. Was der wohl im Schilde führen mochte? Warum kam denn nicht endlich jemand, um ihn abzulenken?

"Der Kaffee ist fertig", - der Junge, der ihn brachte, verschwand ebenso schnell in der Gasse, wie er aufgetaucht war.

"Sit down", grinste ihr Gegenüber und wies auf den einzigen Stuhl im Raum.

Eigentlich war er doch nicht so unfreundlich. Sogar ein paar Kekse lagen neben der Kaffeetasse. Und der Kaffee war ausgezeichnet. Nur war er nicht sehr gesprächig, ihr Gastgeber. Auch den Kaffee mußte er mit einem stummen Wink hinter ihrem Rücken bestellt haben. Und er breitete auch keine weiteren Stoffe vor ihr aus. Das war unüblich. Andere Händler zeigten, was sie hatten. Aber der hier hatte offensichtlich gesehen, was sie wollte.

"Gehört der Laden dir", wollte sie wissen, und ihr Gegenüber ließ zwei Reihen gelblicher Zähne durchblicken, als er spöttisch den Kopf schüttelte.

"Nein, ich verkaufe hier nur", war die schleppende Auskunft, deren Folge wieder dieses dumpfe Brüten war, das ins Leere zu gehen schien und dennoch keine ihrer Bewegungen aus den Augen verlor.

'Eigentlich habe ich keinen Grund mehr, hier zu bleiben', dachte sie, als sie auf dem Bodensatz ihrer Kaffeetasse angelangt war. Das hier ist jedenfalls der Abschaum. So verschlagen lächelt nur, wer etwas im Schilde führt, und am besten ist, ich gehe gleich.

"Soll-ich dir den Teppich einpacken", hörte sie ihn fragen, als sie aufstand und sich zum Eingang wenden wollte. Im Nu war er auf den Beinen und verdunkelte wieder das wenige Licht, das noch zur Tür hereinfiel, mit seinem gedrungenen Körper. Als sie angewidert den Kopf schüttelte, rollte er das schöne Stück zusammen und stellte es dicht vor ihre Füße: "Take it", bestimmte er, aber sie wollte nicht mehr. Nur noch weg. Weg von diesem düsteren Blick und dieser klebrigen Verschlagenheit.

"Morgen", entschuldigte sie sich, "vielleicht komme ich morgen wieder und hole ihn."

"Also morgen", wiederholte er und schob den Teppich in eine Ecke. Das war der Augenblick, wo er sich endlich für einen Moment abdrehte und sie mit einem Satz die Schwelle wiedergewinnen ließ. Nun hastete sie durch die menschenleeren Gassen, in denen bis vor kurzem noch das Leben der Jerusalemer Altstadt seinen wärmenden Puls verströmt hatte. - Nur nicht zurückblicken. - Doch als sie den Kopf schließlich nach rückwärts drehte, wurde sie gewahr, daß die Gasse hinter ihr so verlassen lag wie vor ihr. Nur eine Katze drückte sich an der Mauer vorbei und zuckte zusammen, als irgendwo ein Rolladen quietschte, der von einem verspäteten Ladenschluß kündete.

Als sie wieder hinging, war er nicht mehr da. Nur der Teppich stand noch dort, wo er ihn hingestellt hatte, hinten im Laden, als sei er dort vergessen worden. Wo denn der junge Mann geblieben wäre, der sie hier neulich bedient hätte, wollte sie nun doch wissen, ehe sie den Teppich unter den Arm klemmte.

"Ach, Sie meinen Ali? Der verkauft jetzt im Laden nebenan."

Und da stand er schon: "You want some coffee", grinste ihr sein Gesicht unter den finsteren Brauen entgegen. Nein, ihr war es nicht behaglich in seiner Nähe. Schon als sie sich hinsetzte, wäre sie am liebsten wieder aufgesprungen. Aber das war nun nicht mehr zu ändern. So unhöflich durfte man hier nicht sein. Und außerdem war sie ja nicht allein mit ihm im Laden. Auch arabische Kunden waren da. Junge Kerle, die mit Ali herumfeixten, ihre dunklen Augen rollen ließen, ihm kameradschaftlich die Schultern tätschelten und schließlich lachend im Suk verschwanden.

"Meine Brüder", erklärte er achselzuckend, und seine Augen fanden nichts zu lachen dabei.

"Wieviele Brüder hast du", erkundigte sie sich, nur um der Leere zu entgehen, die stumpf hinter seinen ausdrucksverlorenen Blicken auf der Lauer lag.

"Diese drei. - Aber das sind nur meine Halbbrüder. Sie haben eine andere Mutter."

"Also hat dein Vater zwei Frauen?"

"Jetzt nicht mehr", schüttelte er heftig mit dem Kopf, "meine Mutter lebt in Turmus 'Aiya, das ist ein kleines Dorf auf dem Weg nach Nablus."

"Und du?"

"Ich lebe bei meinem Vater. Hier in Jerusalem, im Silwan. Aber meine Brüder haben es besser."

"Wie kommst du darauf", ließ sie sich tiefer in das Gespräch hineinziehen, als sie eigentlich vorgehabt hatte.

"Weil sie zur Schule gehen können. Ich würde auch lieber zur Schule gehen, aber ich muß Geld verdienen", seufzte er, und seine Brauen zogen sich zu einer geballten Wolke zusammen.

"Für meine Mutter", setzte er noch hinzu, als er merkte, daß sie nicht begriff, wovon er redete.

Als sie gehen wollte, schenkte er ihr ein buntbedrucktes Tuch. Sie wollte ihn trotzdem nicht wiedersehen.

"Ja", erklärte ihr ein Freund, dem sie von Ali erzählte, "er hat kein leichtes Schicksal. Er ist der Älteste von sechs Kindern, aber sein Vater hat seine Mutter verstoßen, als er noch ein kleiner Junge war. Nun lebt sie wieder in ihrem Heimatdorf und hat niemanden, der für sie sorgt. Nur Ali. Er mußte das Gymnasium verlassen, um für ihren Lebensunterhalt Geld zu verdienen. Als ihr einziger Sohn ist das seine Pflicht. Seinen Vater geht sie nichts mehr an.

Ali ist erst sechzehn, wirkt jedoch viel älter. Er weiß, daß ihm nicht mehr viel zum Leben bleiben wird. Deshalb ist manchmal nicht gut Kaffee mit ihm trinken."

Der Junge vom Busbahnhof

I

Den ganzen Tag lang hatte er mit den Hupen der Autobusse um die Wette geschrien. Nun stand er müde und erschöpft ein wenig abseits an den Zaun gelehnt, den Bauchladen zu seinen Füßen. Um ihn herum die wohlvertrauten Klänge des Jerusalemer Busbahnhofs: kreischende Bremsen, aufheulende Motoren, schrille Hupen, kribbelndes Menschengewirr, Ziegengemecker, Hühnergegacker und Babygeschrei - die Sinfonie einer verpfuschten Kindheit.

Da'uds freudloser Blick streift das Gewimmel zu seinen Füßen, dem er sich für eine Weile entzogen hat.

Nicht weit von ihm hat sich gerade ein unbeschreiblicher Lärm erhoben: nicht weniger als fünf Busse blockieren sich da gegenseitig Zu- und Ausfahrt, jeder der Fahrer besessen, seine Kontrahenten aus dem Weg zu hupen.

Frauen mit riesigen Körben oder schweren Säcken auf dem Kopf, zwei bis vier Kinder am Rockzipfel, nutzen den allgemeinen Engpaß, um zuerst ihr Gepäck und schließlich sich selber in die schon verpaßt geglaubten Wagen zu zwängen.

Eine Traube von Busfahrern beginnt sich derweil um eine Touristengruppe von offensichtlich amerikanischer Herkunft zu bilden. Wortreiches Lamento, wilde Gestikulationen: wer die Gäste als erster zu einem "special drive" überredet, hat für den Rest des Tages ausgesorgt.

Für den Augenblick muß sich sogar der Ausrufer von Linie 22 geschlagen geben, der sonst nicht müde wird, sein endloses "Bethlahém, Bethlahém!" zum Geräuschekolorit des Busbahnhofs beizusteuern.

Und in all dem Chaos die kleinen drahtigen Kerle, die sich gleich ihm, Da'ud, flink wie Eidechsen zwischen den an- und abfahrenden Bussen hindurchschlängeln, hier die Trittbretter erklimmen, dort sich zum Fenster hinaufrecken, Eis und Süßigkeiten aus staubverklebten Händen feilbieten, mit der Zähigkeit ausgefuchster Händler ihren Opfern auf den Fersen bleiben und sich erst abschütteln lassen, wenn der Druck des Gaspedals unwiderruflich wird und sie in einer Wolke aus Abgas und Heißluft zurückläßt.

Die Geräusche des Busbahnhofs - sie bilden die Kulisse seines Lebens, seit sein Vater die Familie verlassen hat, um sich seine Mahlzeiten von einer anderen Frau kochen zu lassen, die jünger, hübscher und weniger schwerfällig ist als Da'uds Mutter, an der sechs Geburten und die harte Arbeit im Haus ihre Spuren hinterlassen haben. Damals war Da'uds jüngste Schwester gerade fünfzehn Monate alt gewesen, und seine Mutter hatte nicht gewußt, wie von einem Tag auf den nächsten kommen.

Sie hatte Glück gehabt, daß sie ihn und seinen um ein Jahr jüngeren Bruder auf dem Busbahnhof unterbringen konnte, wo sich beide nun tagaus tagein im harten Kampf um die tägliche Pita behaupten mußten, von deren Verkauf der ölige Ladenbesitzer um die Ecke den größten Profit davontrug.

Nicht weit von ihm spazierten jetzt untergehakt Schülerinnen aus der nahegelegenen Schmidt Schule, in blau-weiß gestreiften Kitteln, weiße Schleifen im Haar. Beschämt sah der Junge an sich herunter: das dreckverschmierte Hemd, dessen ursprüngliche Farbe nichtmals er selber hätte angeben können, seine durchlöcherte und an tausend Stellen geflickte Cord-Jeans, die ausgetretenen Sandaletten aus giftgrünem Plastik ...

Ehe er seinen Schulranzen mit dem Bauchladen vertauschen mußte, hatte auch er anders ausgesehen. Stolz hatte er seine lederne Aktenmappe auf dem Kopf balanciert, der Lohn für besonders gute Schulleistungen. Heute transportierte seine ältere Schwester darin die Eier, die sie im Suk verkaufte. Und die Klassenkameraden, die einst bewundernd zu ihm aufgeschaut hatten, die glaubten nun das Recht zu haben, ihn zu verachten. Als wenn sie nicht morgen schon in der gleichen Patsche sitzen könnten!

Da'ud erinnert sich an die wilden Spiele, deren Anführer er gewesen war ... Vorbei. Besser erst gar nicht darüber nachdenken. Zum Spielen kam er ja jetzt doch nie mehr.

Noch ehe ein Trupp der gerade von allen Seiten nach Hause strömenden Schüler ihn erreichen konnte, hatte er sich schwerfällig erhoben und den Bauchladen wieder umgehängt. Keine Zeit zum Faulenzen. Und da rief auch schon Hussein:

"He, Da'ud, wo bleibst du denn? Willst du alle Kaugummis alleine futtern?"

II

Ein Pfiff - und Da'ud war auf den Beinen. Vorsichtig spähte er über den Rand der Mauer, in deren Schatten er seinen Bauchladen in Sicherheit gebracht hatte. Wenn Sicherheit überhaupt noch etwas war, das mit seinem Leben in Berührung kommen konnte, und die alten Wörter von der neuen Zeit nicht längst schon in die Mangel genommen und durchgedreht waren. Da'ud jedenfalls war so schnell nicht zu täuschen. Nicht von den Wörtern und schon gar nicht von denen, in deren Mund sie umgedreht wurden.

Flink wie Spinnen huschten seine Blicke über den Platz und genauso wachsam. Doch diesmal gelang es ihnen nicht, etwas Außergewöhnliches einzufangen. Das Leben ging verstohlen seine Wege, hier am Rande der Welt, und wenn es ihm zu bunt wurde, stahl er sich einen Augenblick davon, um anderswo nach dem Rechten zu sehen. Dann schien die Zeit stillzustehen. Wie in jener Nacht, als das Ungeheuerliche über sie hereinbrach, das ihnen heute längst unter dem Decknamen Alltag vertraut geworden war.

Wahrscheinlich hatte er sich verhört. Oder der Pfiff hatte gar nicht ihm gegolten. Achselzuckend ließ Da'ud sich zurück auf den Schemel sinken. Vorsichtshalber schob er das Heft unter die anderen Hefte auf seinem Bauchladen. Man konnte nie wissen ...

Heute war sein dreizehnter Geburtstag. Da hatte ihm seine ältere Schwester dieses Heft geschenkt. Mit Geschichten, die sein Vater geschieben hatte, als sie alle noch eine große Familie waren. Samira hatte sie aus verschiedenen Zeitschriften ausgeschnitten und sie zu dieser neuen Broschüre zusammengeklebt. Es war sein schönstes Geburtstagsgeschenk, und seit dem Morgen waren er und das Heft unzertrennlich gewesen.

Und "Der Junge vom Bushahnhof", das war sein Vater selbst gewesen, als er so alt war wie Da'ud jetzt. Später war er dann Schriftsteller geworden, der nicht müde wurde, die sozialen und politischen Mißstände, unter denen die Angehörigen seines Volkes zu leiden hatten, vor den Spiegel der Öffentlichkeit zu stellen. Aber die neuen Machthaber hatten die Spiegel zertreten und die Fensterscheiben zerbrochen und die Fernseher zertrümmert und die Türen zersplittert und die offenen Wunden mit Wellblech zugepflastert. - Für seinen Vater allerdings war jedes Pflaster zu spät gekommen. Weil sie glaubten, er wollte sich wehren, hatten sie ihn an Ort und Stelle erschossen. In jener Nacht, welche die Zeit zerschnitten hatte in ein Vorher und ein Nachher. Fünf Kugeln ins Gesicht. Da hatte das Nachher das Vorher unter sich begraben.

Da'ud zog die Keffiya fester um den Hals. Es war Dezember, und die Veranda gab wenig Schutz. Weder vor Blicken noch vor Kälte - noch vor Schüssen, kam es ihm in den Sinn. Dreizehn Jahre - doch das machte sein Leben nicht leichter.

Schon heute mußte er Abschied nehmen. Nicht länger konnte er Anführer sein bei den Spielen, die sie hier im Dorf am liebsten ausheckten: "Katz und Maus" oder "Wer hat Angst vorm schwarzen Mann", - nur daß die Männer, vor denen sie Angst haben mußten, ausgerechnet in Grün auftraten. Olivgrün. Als wäre die Olive je ein Anlaß zum Töten gewesen. Speziell in diesem Land. Mit einem Ölzweig im Schnabel die Taube nach der Flut. Ein Stück Geschichte, das sie gemeinsam hatten. Doch die Olivenbäume standen inzwischen auf der Verbrecherkartei und wurden ohne Prozeß exekutiert. So hatte es Samira neulich ausgedrückt, die alle Anstalten machte, in die Fußstapfen ihres Vater zu treten. Wenn sie sie nicht vorher kaltstellten. Wie sie Da'uds gesamte Familie auf dieser Veranda kaltgestellt hatten. Vor einem vernagelten Haus mit blinden Fenstern und mit zerschlagenen Innereien. Eine halbe Stunde hatte man ihnen gelassen. Was sie bis dahin nicht mitnehmen konnten, fiel den Reißwölfen derer in die Fänge, die glaubten, ein Anrecht auf alles zu haben.

Zuerst hatte Da'ud kaum glauben wollen, daß sie alle auf dieser Veranda Platz finden sollten: seine Mutter und die drei Geschwister und die Familie seines Onkels. Zehn Leute, die sich dort auf Kinderzimmergröße zusammenballen mußten. Heute erschien ihm der Vorbau geräumig. Wenn sie noch alle zusammen wären, müßte er jetzt nicht frieren. Und alleine wäre er dann auch nicht. Nur warten, das mußte er seither immer. Vor allem auf die Stiefeltritte zur Nacht, wenn sie wieder jemand holten. Sie fanden soviele Gründe wie es in Palästina Steine gab, die man aufheben und gegen Panzerherzen schleudern konnte, die mit Tränengas und Gummikugeln zurückschossen. David und Goliath mit vertauschten Rollen, hatte sein Vater oft gesagt. Heute trug Goliath die Steinschleuder, und David war zum Moloch geworden. Heute waren sie hier nur noch zu dritt. Und noch war sein Vater nicht einmal ein Jahr begraben.

Da'ud wartete. Bevor nicht wenigstens seine Mutter oder Samira zurückgekehrt waren, wagte er nicht, die Veranda zu verlassen. Aus dem notdürftig zurechtgezimmerten Ofen duftete der Geburtstagskuchen herüber, den seine Mutter gebacken hatte, ehe sie sich auf den Weg machte. Wer konnte sagen, ob er heute abend jemand finden würde, der ihn anschnitt. Vielleicht hatte er bis dahin längst Da'uds Platz eingenommen und würde vergebens darauf warten, daß die anderen zurückkamen.

Der Junge wußte, daß seine Mutter zu Krankenbesuchen unterwegs war. Wann sie zurückkehrte, war ungewiß. Im Krankenhaus auf dem Ölberg lagen jetzt soviele Kinder mit zerbrochenen Knochen ... Und sie waren jetzt die Kinder aller Mütter im Dorf geworden. Auch Samira war unterwegs. Da'ud überlegte, in welchem Haus sie wohl heute unterrichten würde. Die Besatzung machte aus allem ein Geheimnis. Auf Unterrichten stand Gefängnisstrafe. Wenn sie Samira erwischten, würde er sie vielleicht jahrlang nicht wiedersehen - oder vielleicht nie mehr. Und dabei hatte sie ihm erst heute dieses Heft geschenkt. Er mußte unbedingt ein Versteck dafür finden.

Hier konnte es nicht bleiben. Die nächste Razzia kam so sicher wie der Ruf des Muezzin ...

Dreizehn Jahre ... Früher hatte er gar nicht gewußt, daß dies ein besonderes Alter war. Bis sie bei den Razzien immer die Männer zwischen dreizehn und fünfunddreißig Jahren herausgesucht hatten. Deshalb durfte er auch nicht mehr Anführer sein. Der Weg ins Gefängnis war für ihn um das Doppelte kürzer geworden.

Es hatte ihm Spaß gemacht, die Bande zu organisieren. Der einzige Spaß, der ihm noch geblieben war, seit sie die Schulen geschlossen hielten. Seine Schwester hatte Glück gehabt. Sie hatte gerade noch ihr Abitur geschafft, ehe sie den Unterricht abschafften; und mit ihm das Studium. Seither war Samira wie eine Knospe, der ein eifersüchtiger Gärtner verbietet, sich zur Blüte zu entfalten. Und doch - wie gerne hätte er mit ihr getauscht!

Die Tränen in seinem Hals schmeckten wie Disteln, wenn er an seine beiden älteren Brüder dachte, die beide jünger waren als Samira: Verhaftet, weil sie während der Ausgangssperre, die länger als einen Monat dauerte, Tomaten aus dem eigenen Garten gepflückt hatten, um die Familie vor dem Verhungern zu bewahren ... Heute war sein Geburtstag. Da hatte er eigentlich an etwas Erfreulicheres denken wollen. Aber soviele fehlten, die sich vor einem Jahr noch mit ihm gefreut hatten...

Als Samira zurückkam, machte Da'ud sich auf den Weg. Mit dem Bauchladen zum Busbahnhof. Wenigstens ein bißchen Geld wollte er heute verdienen. Er wußte, wann die Busse die Männer von der Arbeit zurückbrachten. Dann waren sie manchmal dankbar für die kleinen Erfrischungen, die der Junge für sie bereithielt. Und für die Zeitschriften, die er ihnen heimlich zuschob, weil sie im Gebiet der West Bank verboten waren.

Als er auf halbem Wege war, sah er sie kommen. Eine Schlange im Grün der Olive. So fing es immer an: Razzia! Wie gut, daß er stets die Abkürzung nahm. Hier konnten sie mit ihren Jeeps nicht fahren. Der Junge verdoppelte sein Schrittempo. Wenn er sich beeilte, konnte er den ersten Bus noch abfangen.

"Fahrt weiter", rief er denen zu, die aussteigen wollten, "drinnen im Dorf ist Razzia!" und alle verstanden und alle drehten wortlos um. Drei Busse voll mit Menschen, auf die zu Hause ein warmer Brotfladen und eine heiße Tasse Suppe wartete oder vielleicht ein Geburtstagskuchen.

Mit einem Seufzer der Erleichterung lehnte Da'ud sich an den Pfeiler der Haltestelle. Sein allerschönstes Geburtstagsgeschenk hatte er sich nun selber gemacht! Heute würden sie da drinnen kaum Männer zwischen dreizehn und fünfunddreißig Jahren finden ... Die drei Soldaten bemerkte er erst, als der eine mit dem Stiefel gegen seinen Bauchladen trat. Der war längst in Stücke gegangen, als sie ihn schließlich abführten und seine Habe dem Straßenstaub überließen.

Das Heft hatten sie nicht entdeckt, dachte er noch, während der Jeep vor dem Jerusalemer Polizeigefängnis bremste. Samira würde ein gutes Versteck dafür finden müssen. - - Wenn sie rechtzeitig nach ihm suchte.

Palästina-Trilogie

I Eine Braut für ein Bett

Da stand es: leuchtend weiß und von Messingschnörkeln nur so blinkend, die wie geschaffen schienen, seinen von Besitzerstolz durchtränkten Blick zurückzuwerfen. Ein Hauch von Welt auf rohem Beton und zugleich ein Versprechen für die Zukunft, die ihn und seine bescheidene Kammer in neuem Glanze sehen sollte. Ein Bett von der Art, die man französisch zu nennen pflegt, ohne daß ihm klar war, warum. Für Musa jedoch barg es die Verheißung auf eine andere Form von Besitz, die er sich sehnlicher herbeiwünschte als alles andere; denn der größte Mangel seiner Neuerwerbung mußte jedem ins Auge stechen, der einen Blick dafür hatte: die eine Hälfte war und blieb leer. Er besaß zwar ein breites Bett, doch keine Braut, mit der er es hätte ausfüllen können, und ein Bett für zwei, auf dem sich nur einer alleine die Zeit vertreibt, ist nun mal nur die Hälfte wert.

Die Stirn durch eine Steilfalte gespalten, starrte Musa grüblerisch den Rauchwolken nach, die er mit Hilfe seiner Zigaretten zur Decke seines Zimmers hinausschickte, eines Zimmers, dessen Wände nicht viel weiter gezogen waren als die Pfosten seiner neuesten Errungenschaft. Er war der einzige Sohn unter lauter Töchtern, aufgewachsen in einem kleinen Dorf unweit von Hebron, und seit sein Vater vor drei Jahren plötzlich verstorben war, hatte man ihm, dem damals Vierzehnjährigen in den Ohren gelegen, sich doch endlich eine Frau zu suchen, um Ehre und Fortbestand der Familie zu sichern, als deren Oberhaupt er sich von Stund an hatte fühlen müssen.

Doch Musa verfolgte seine eigenen Pläne. Seine Sehnsüchte hatten sich mit den Bildern nordeuropäischer Frauen verwoben, auf die er als Gymnasiast und Internatsschüler von Abu Dis ein Angeld zu haben glaubte. Und im vergangenen Jahr nun hatten seine Tagträume kurz vor der Erfüllung gestanden. Ein deutscher Student, den er seinen Freund nannte, hatte ihm eine Frau ins Haus gebracht, auch eine Deutsche, und sie hatten den ganzen Tag lang zusammen gegessen: Gemüse, Brot und Rührei, getrocknete Feigen und knackige Weintrauben, süße Kuchen und salzige Nüsse, Huhn auf Reis mit gebratenen Zwiebeln, Fruchtsaft und schwarzen Kaffee mit viel Zucker. Alles hatte er von seiner Mutter auftragen lassen, um der Fremden zu imponieren. Von der Terasse aus hatte er sie einen Blick über seine Ländereien werfen lassen, deren Ausdehnung er für beeindruckend hielt. Und als die junge Frau beim Abschied erklärt hatte, sie wolle im nächsten Jahr wiederkommen und länger in Israel bleiben, da hatte er die Saat aufgehen gefühlt, denn für ihn war klar gewesen, daß sie vor allem wiederkommen wollte, um ihn wiederzusehen.

So hatte er innerlich dieser Zeit entgegengefiebert, während ein Brautbett durch seine Phantasien geisterte, für dessen Erwerb er unzählige Samstage auf dem Markt von Bethlehem gestanden und verkauft hatte, was sein Land hergab. Und der große Augenblick war gekommen - und wieder verstrichen, ehe er noch recht gewußt hatte, wie ihm geschehen sollte.

Er hatte die junge Frau, die inzwischen in Jerusalem studierte, einmal aufgesucht und war freudig empfangen worden. Dies Zeichen hatte er für gut genug gehalten, um beim nächsten Mal gleich zum Angriff überzugehen. In seinem besten T-Shirt, das in allen Farben des Regenbogens schillerte, zwei Plastikbeutel mit Rosinen und getrockneten Feigen in den feuchten Händen, so hatte er sich zur Werbung gerüstet, überzeugt, im besten Sinne unwiderstehlich zu sein oder doch zumindest Eindruck zu hinterlassen.

Außer einem windschiefen Lächeln und einem Sack Trockenobst hatte er dann allerdings nicht mehr viel Gelegenheit gehabt, etwas zu hinterlassen. Dabei hatte er alles so geschickt eingefädelt: zuerst hatte er ihr in den glühendsten Farben den Umfang seines Landbesitzes ausgemalt und keine Obstsorte dabei ausgelassen; dann hatte er seine Familie geschildert, seine Schulbildung herausgestrichen und war schließlich zu weiterführenden Andeutungen übergegangen ...

Von ihren Einwänden hatte er nur die Worte, nicht aber den Sinn verstanden: Daß sie Christin, Theologiestudentin sei und er Muslim, daß sie nicht einmal dieselbe Sprache teilten und daß er ohne Schulabschluß noch viel zu jung für sie sei. All das hatte seinem ratlosen Mund nur die stereotypen Laute "no problem" zu entlocken gewußt. Das traditionelle Dorfleben teilte Männern und Frauen verschiedene Rollen zu. Reden würden sie also sowieso nie viel miteinander, und heiraten würden sie selbstverständlich nach muslimischer Sitte. Und was den Altersunterschied betraf, so könnte er sich eines Tages ja immer noch eine jüngere Nebenfrau ins Haus holen. "No problem" also - für ihn. Feigen und Rosinen zu ihren Füßen zurücklassend hatte er schließlich den Rückzug angetreten und für eine Weile die Welt nicht mehr verstanden.

Das Bett, für das er so aufopferungsvoll jede Schekelnote zusammengetragen hatte, hatte er trotzdem gekauft. Es hatte geholfen, sein geknicktes Selbstbewußtsein wieder aufzurichten, denn der Druck der Verhältnisse hatte Musa schon bald erneut auf Brautschau geschickt.

Doch ein Unstern schien ihn zu verfolgen. Die Töchter seiner Landsleute, vorgeführt am traditionellen Kaffeezeremonientisch, konnten seinen Geschmack nicht treffen. Entweder war der Mokka zu bitter, das Gebäck zu fade ... genug jedenfalls, um das Stelldichein nach zwei bis drei Stunden unverrichteter Dinge abzubrechen.

Erst heute wieder hatte ein neuerliches Fiasko nur darauf gewartet, über ihn herzufallen. Der Gegenstand seines Besuches war beim Auftragen der Speisen gestolpert und hatte

Kaffee verschüttet, für den es ein Glück gewesen war, nicht ausgetrunken werden zu müssen. Ihre Bluse war zu farblos gewesen, und sie hatte sich nicht beeilt, seine Fragen zu beantworten. Sie war die lange Reise nach Jericho offensichtlich nicht wert gewesen. Das Fahrgeld hätte er zurückverlangen sollen! Aber das war ihm erst eingefallen, als er wieder daheim auf sicheren Kissen ruhte und den Rauch zur Zimmerdecke blies.

Das Bett wenigstens blieb schön. Für ihn hatte es nichts von seinem Glanz eingebüßt und war immer noch dazu angetan, seine gekränkten Augen mit Besitzerstolz zu füllen. Wenn ihm auch die Braut fehlte, so hütete es doch zwischen weißen Nylondecken und blitzendem Messing seinen Traum von Europäisierung inmitten eines Dorfes, wo der Bau von Toilettenhäuschen gerade als erstes Signal des Fortschritts gefeiert wurde.

Draußen vor dem Fenster hörte Musa seine beiden jüngsten Schwestern kichern. Wahrscheinlich spotteten sie über ihn, dem es wieder nicht gelungen war, eine Braut für sein Bett zu finden. Sollten sie doch! In zwei oder drei Jahren würde er sie den nächstbesten Freiern feilbieten, und sie würden sich glücklich schätzen dürfen, wenn einer mit einem französischen Bett darunter wäre.

II Herbstregen

Seit einer Woche hatten die herbstlichen Wolkenbrüche wieder eingesetzt und die rissige, ausgebrannte Erde von ihren Schründen geheilt. Überall sprossen die grünen Keime der Hoffnung auf ein neues gutes Erntejahr, und Herbstzeitlose kündeten selbst in der Wüste vom Sieg des Lebens über den Tod.

Seit einer Woche spiegelte sich der wolkenverhangene Himmel in Amals traurigen Augen. Nicht als ob das Verhängnis mit dem ersten Donnerschlag angefangen hätte - nur schien es seit jenem Tag unausweichlich.

"Six years - and not bring baby!", so hatte ihr Schwager Abu Sallah das Malheur auf den einfachsten Nenner zu bringen gewußt; dann hatte er sein gutmütiges Mondgesicht in sorgenvolle Falten gelegt und nach einem Funken Verständnis im Gesicht seines europäischen Gastes geforscht, den er soeben in ihrem bescheidenen Heim überschwenglich bewirtet hatte. Da hatte Amal, mit dem Kaffeetablett an der Türschwelle, blitzartig erfaßt, daß ihre Tage nun gezählt waren, die Tage an der Seite des Mannes, der ihr in sechs Ehejahren nahegekommen war und den sie mit keiner anderen Frau teilen wollte.

Doch das Urteil war gesprochen und lag in der einfachen Formel "six years, and not bring baby" beschlossen: Eine kinderlose Frau - der Fluch Allahs ... der bedauernswerte Bruder ... und soviel Geduld ... das mußte doch selbst der Fremdling einsehen, daß es so nicht weitergehen konnte.

Amals aufkeimende Liebe war seit jenem Tag zertreten wie eine Herbstzeitlose unter den unachtsamen Hufen eines Esels. Sie wußte nun, daß der Mann, dem sie nach Wunsch und Willen ihres Vaters hatte folgen müssen, auf der Suche nach einer zweiten Frau war, die ihm endlich Söhne gebären könnte, die sein Ansehen im Familienclan wieder fördern würden. Daß Amal zu diesem Zweck ungeeignet war, daran konnte nach sechs ergebnislosen Jahren kein Zweifel mehr bestehen. Seine Geduld war nicht grenzenlos, und hätte da nicht ein Gefühl in seinen Eingeweiden gebohrt - er hätte sicher schon eher von seinem Recht Gebrauch gemacht.

Amal glaubte ihre Rivalin schon zu kennen: ein etwa vierzehnjähriges Mädchen aus dem Nachbardorf, arbeitswillig, anspruchslos und unerfahren. Sie selber war wenigstens schon achtzehn Jahre alt gewesen und drei Monate lang Kinderdorfmutter auf Probe im SOS-Kinderdorf von Bethlehem, ehe ihr ältester Bruder befand, diese Arbeit sei eine Schande für die Familie und seine eigene Karriere. Da traf es sich dann gut, daß zur selben Zeit jemand bei ihrem Vater vorsprach, um sich bei einer Tasse Kaffee nach ihren hausfraulichen Qualitäten zu erkundigen.

Noch oft hatte sie Gelegenheit gefunden, ihrer Arbeit im Kinderdorf nachzutrauern, die ein gewisses Maß an Unabhängigkeit und Selbstverwirklichung versprochen hatte - , doch allmählich hatte sie auch das Leben an der Seite von Machmud schätzen gelernt ... Der Neuen würde sie das Leben zur Hölle machen. Das Gesicht würde sie ihr zerkratzen und sie mit tausend Flüchen bespucken, damit sie gar nicht erst auf den Gedanken käme, sich als Prinzessin im Hause aufzuspielen.

Ihre eigene Schwester hatte sie neulich ausgelacht, als sie Amal bei solchen Phantasien ertappte. "Schau mich an!" hatte sie die jüngere Schwester ermuntert, "schleiche ich etwa wie eine wandelnde Leiche durch Abu Dis, nur weil Hussein eine Zweitfrau genommen hat? Ich habe sie zu meiner Verbündeten gemacht, und Hussein hat jetzt nichts mehr zu bestellen!"

Aber Maesun hatte Hussein nie geliebt. Darin lag ein gewisser Unterschied ...

Auch Amal hatte Machmud anfangs nicht geliebt und während der obligatorischen Kaffeezeremonie nichts mit diesem fremden Eindringling zu reden gewußt. Ihren Kopf hatten damals ganz andere Pläne ausgefüllt, und sein Auftreten hatte die ersten zaghaften Träume von Freiheit und Selbständigkeit jäh zurückgesperrt in den Sarg der Konvention; und selbst die konnte nicht vorschreiben, ein Wesen zu lieben, dessen rechtmäßiger Wunsch die Zerstörung ihrer unrechtmäßigen Hoffnung bedeutete. Mit machtloser Erbitterung hatte sie sich in den Handel gefügt, der nicht der ihre war.

Doch die Zeit hatte ihre stumme Abwehr allmählich in behutsame Hinneigung zu wandeln gewußt, in welche die Kinderlosigkeit von Jahr zu Jahr giftigere Tropfen träufelte; bis schließlich Tradition und Sippendruck Machmuds Gefühle übermannt hatten und ihn den billigsten Weg aus der Krise suchen ließen. Amal mußte sich damit abfinden, in einem Land geboren zu sein, das Gefühle behandelte wie Blumen nach dem ersten Herbstregen: als kurzlebige und zerbrechliche Geschöpfe, die ein unbedachter Fußtritt noch vor ihrer Zeit um die erste Blüte bringen konnte.

III Der Fluch des Halbmonds

Suha schloß vor Erschöpfung die Augen. Im Dämmer des anbrechenden Morgens hatte sie in aller Stille ihr Kind zur Welt gebracht, das wimmernde Bündel in die Reste eines verschlissenen Bettlakens gewickelt und es dann im Müll-Container des nahen Baby-Hospitals seinem Schicksal überlassen. Wie ein gehetztes Wild war sie anschließend nach Hause geeilt, damit niemand von den Ihren Verdacht schöpfte, weil sie zu lange ausblieb.

Zu Hause waren die Vorbereitungen für das Ramadan-Fest in vollem Gange. Einen Monat lang läglich Fasten, von Sonnenaufgang bis Sonnenuntergang, bis in der vergangenen Nacht erstmals wieder der Mond als schmaler Silberreif am Himmel erschienen war, um alle Muslime, die dankbar zu ihm aufblickten, mit Jubel und Frohlocken zu erfüllen. Nun konnte des Fest beginnen, das Wochen der Entbehrung vergessen machen sollte.

Seit Tagen schon wurde im Haus gebacken, ein Schaf war geschlachtet und die Familie mit neuen Kleidern ausstaffiert worden. Am höchsten Feiertag des Jahres konnte nur das Beste gut genug sein.

In der allgemeinen Vorfreude auf das Fest hatte niemand auf Suha geachtet, die sorgsam ihre eigenen Vorbereitungen für den Geburtstag ihres Kindes getroffen hatte, der - sie fühlte es - nicht mehr lange auf sich warten lassen konnte. Sollte der Tag seines ersten Schreis nicht zugleich ihr letzter werden, mußte sie sich gleich nach der Geburt von ihm trennen. Die

Gesetze ihres Volkes ließen ihr keine andere Wahl. Der Vater der Kleinen hatte sie nur für ein flüchtiges Abenteuer benutzt. Er hatte niemals ernstlich daran gedacht, sie zu sich zu nehmen, und sie dadurch dem beinahe sicheren Tod ausgeliefert. Ihre eigene Mutter hatte nun Recht und bittere Pflicht, dieser verachtungswürdigen Tochter den Todesstoß zu versetzen, die Schande aus ihrer Familie auszurotten mit Haut und Haar.

Erst kürzlich war Suha auf offener Straße Zeugin einer Szene geworden, die ihr nicht mehr aus dem Kopf gehen wollte: Da war ein junges Mädchen vor den Augen der teilnahmslosen Passanten vom eigenen Bruder im Getümmel vor einer Verkehrsampel niedergestochen worden. Niemand wollte, niemand durfte eingreifen, denn das war Familiensache. Suha hatte sich an einem Laternenpfahl festhalten und in einen Abfallkübel übergeben müssen. Seither verfolgte der Anblick des blutenden Mädchens sie bis in den Traum. Wie gut nur, daß das lange traditionelle Gewand der arabischen Frau sie vorläufig noch vor Entdeckung schützte. Nach der Geburt allerdings ...

Suha ließ sich ermattet zurücksinken. Eigentlich hatte sie nur einen Augenblick ausruhen wollen, denn in der Küche gab es viel zu tun für die einzige Tochter des Hauses. Doch nun fiel plötzlich eine bleiernde Müdigkeit über sie, und kampflos gab sie ihr nach. Die heimliche Geburt hatte sie viel Kraft gekostet, und die Angst hatte ihre Knie weich gemacht.

Aus dem Hof drangen die lachenden und feixenden Stimmen ihrer Brüder herüber, die sich gerade mit dem Hammel zu schaffen machten. Einer der beiden älteren könnte schon bald ihr Mörder sein. Rami, ihr Lieblingsbruder, der versponnene Träumer, der sich Geschichten für sie ausgedacht hatte, wenn sie mit Fieber im Bett gelegen, und der ihr geschworen hatte, sie vor allen Feinden mit seinem selbstgebastelten Holzschwert zu beschützen. Und Ibrahim, mit dem sie sich als Kind oft gestritten hatte, und der ihr dann eines Tages von seiner ersten Liebe erzählte, die durch den Unwillen zweier uneinsichtiger Väter zerstört worden war.

Hinter Suhas geschlossenen Augenlidern sammelten sich Tränen. Ihre trostlosen Gedanken wanderten hinüber zu dem Neugeborenen, das sie zwischen Müll und Abfall einem ungewissen Schicksal ausgliefert hatte. Ein Mädchen. Rechtlos wie alle Frauen im Lande. Und dreifach rechtlos dadurch, daß es den Namen seines Vaters nicht würde nennen können. Nach jordanischem Recht stand ihm damit weder Schulbildung noch Heirat zu. Wenn es Glück hatte, würde es rechtzeitig gefunden und ins Kinderdorf von Bethlehem gebracht werden. Wenn es Glück hatte, würde es vielleicht vorher sterben.

Eine Tür fiel ins Schloß, und unschlüssige Schritte kamen langsam näher. Kaum wagte Suha den Kopf zu erheben. Durch einen Schleier von Tränen hindurch blickte sie noch einmal in das Gesicht ihres älteren Bruders, ehe seine Umrisse sich auflösten und in der gnädigen Nacht ihrer Ohnmacht versanken.

Im Schatten des Olivenbaums

"Olive - heiligster Baum,
Silbervogel aus dem Paradies,
der sich verwandelt hat,
um an unserer Seite zu stehen.

Sie wollen, daß wir unser Land verlassen.
Aber im Schatten des Olivenbaums
treiben wir unsere Wurzeln
nur tiefer in den Sand."

Diese Worte hatte Iman, ihre einzige Tochter gedichtet, als sie vierzehn war. Heute war ihr das Heft wieder zwischen die Finger gefallen, als sie die Sachen ihrer Tochter in die vorbereiteten Pappkartons räumte. Iman war vor einem Monat für immer aus dem Haus gegangen. Sechzehn Jahre alt und noch viel zu jung für diesen Schritt. Und sie, Umm Elias, Mutter von drei Kindern, hatte sich dem Lauf der Dinge nicht in den Weg stemmen können, obwohl sie vorausgeahnt hatte, was kommen mußte und dann so sicher eingetroffen war wie das Ende des Monats Ramadan, das auch nicht mehr aufzuhalten ist, wenn der Vollmond einmal auf seine abschüssige Bahn geraten ist.

Verstohlen blinzelte Umm Elias zum Fenster hinaus. Die Hitze flimmerte über den Feldern, und doch konnte sie ganz unten am Rand der Straße die Umrisse von zwei unbekannten

Gestalten ausmachen, die nur zögernd näherkamen. Wahrscheinlich suchten sie einen Weg zu den Ausgrabungen, die sich ganz in der Nähe befanden und auf die Umm Elias noch nie einen ihrer soliden Füße gesetzt hatte. Was konnte sie auch die jüdische Vergangenheit angehen, wenn sie schon genug mit der Gegenwart zu kämpfen hatte?

Kein Fleckchen Schatten weit und breit. Umm Elias konnte den Schweiß förmlich riechen, der diesen beiden Neuankömmlingen von der Stirn tropfen mußte. Wenn wenigstens die Olivenbäume noch dagestanden hätten ... So aber gab es heute nur Staub und Steine und Sonne, und die Bewohner dieses betriebsamen Fleckchens hatten sich samt und sonders hinter die kühlenden Mauern ihrer Häuser geflüchtet, wo sie bei Kaffee, Saft und Obst die Beine von sich streckten und der Mittagshitze die Tür verbaten.

Die beiden Fremden trotteten langsam näher. Als sie am Haus von Abu Shafik vorbeikamen, konnten Umm Elias' scharfsichtige Augen eine leichte Bewegung hinter den Vorhängen wahrnehmen, und sofort wußte sie Bescheid. Bald würden sie auch an ihrer Tür vorbeigehen, vielleicht sogar Halt machen, denn der Weg gabelte sich gleich neben ihrem Haus und führte bis dahin stetig bergan. Mit beinahe übermenschlicher Anstrengung versuchte Umm Elias einen eingefleischten Impuls zu unterdrücken, der ihr signalisierte, daß sie nun laufen und einen Krug mit Saft füllen oder eine Wassermelone aus dem Kühlschrank ziehen oder doch wenigstens schon einmal Pulver für den Kaffee abmessen könnte, ehe sie wie zufällig aus dem Fenster winken würde, um die neuen Gäste willkommen zu heißen. Und sie wußte, daß es Abu Shafik dort unten hinter seiner Gardine genauso ergangen war.

Umm Elias verkreuzte die Beine und verhakte ihre Hände in den Taschen ihrer Kittelschürze. Die beiden Fremden waren schon um die Ecke. An ihren weitausgreifenden Schritten konnte man erkennen, daß sie keine Landsleute waren. Mochten sie in Abu Ibrahims Laden eine Cola trinken. Der war ja schließlich dazu da, um fremde Leute zu bewirten. Aber in ihrem Innersten war Umm Elias aufgewirbelt wie der Erdboden auf dem Olivenhain, zu dem ihre Augen immer wieder zurückwandern mußten, ohne noch ganz zu begreifen, was da vor sich gegangen war.

Abu Ibrahims Laden hatte wahrscheinlich um diese Tageszeit geschlossen, schoß es ihr durch den Kopf, als sie die Sache gerade schon für erledigt halten wollte. Nein, so leicht ließ sich der Schneidezahn ihres Gewissens nicht ausziehen. Die Wurzel saß zu tief. Wo hatte es das je gegeben, daß ein Palästinenser, wenn er etwas auf sich hielt, einem Fremdling die Gastfreundschaft verwehrt hätte! Fast wäre sie aufgesprungen und hinter den beiden Burschen hergelaufen, um ihnen wenigstens den Weg zu erklären, damit sie in diesem hochsommerlichen Backofen nicht noch auf Umwege kämen. Aber schließlich war es ja nicht ihre Schuld, daß sie nun da draußen von Schatten und Menschen verlassen waren. Hätten sie doch einen früheren Bus genommen! Kein Einheimischer wäre um diese Tageszeit unterwegs gewesen, wenn es nicht unbedingt sein mußte. Und bei diesen hier mußte gar nichts sein. Die waren wahrscheinlich heute morgen nur zu faul gewesen ...

Umm Elias schloß erschöpft die Augen. Es war anstrengender, all diese Argumente zusammenzusuchen, als einfach hinzugehen und die Tür zu öffnen. In Taiybe, wo sie ihre Kindheit verbracht hatte, war es früher Sitte gewesen, unbekannte Besucher drei Tage lang zu beherbergen, ohne nach ihrem Wohin und Woher zu fragen. Das hatte als plumper Verstoß gegen die Regeln der Gastfreundschaft gegolten, die ihrem Volke heilig waren. Umm Elias trat von einem Fuß auf den anderen, konnte aber den Blick nicht vom Fenster abwenden. Früher hatten ihre Augen bei diesem Anblick Trost gefunden. Vor allem der Olivenbaum hatte es ihr angetan, der ein knorriger Geselle war und ihren Augen Schatten spendete, wenn der Tag sie mit zuviel Licht überfluten wollte. Und was für eine Geschichte sich mit diesem Baum verband!

Zuerst war es die Geschichte einer Liebe; ihrer Liebe zu Walid, den sie kennenlernte, als sie bei ihrem Onkel Abu 'Ayssa zu Besuch war. Unter dem Olivenbaum hatten sie und Walid gestanden und in eine ungewisse Zukunft geblickt.

Als Walid aus Beirut zurückgekommen war, wo er studiert hatte, hatten sie geheiratet. Er war Arzt geworden und hatte darauf bestanden, daß sie wenigstens eine Ausbildung als Krankenpflegerin abschloß, was für Frauen, von denen man gemeinhin erwartete, daß sie zu Hause arbeiteten, damals noch kaum üblich war. Doch aus Walid war während seines Studiums ein glühender Patriot geworden, der bis zum letzten Blutstropfen für sein Volk kämpfen und seine junge Frau in diesen wechselvollen Jahren nicht der Mittellosigkeit aussetzen wollte.

Und wie recht sollte er behalten! Fünf Monate nach ihrer Hochzeit wurde er abgeholt und in das berüchtigte Konzentrationslager Jaffr in der ostjordanischen Wüste deportiert. Das Haschemitenregime war gnadenlos. Es verfolgte alle, die für eine Bewaffnung des palästinensischen Volkes eintraten mit unerbittlicher Härte und trieb es damit schutzlos in die offenen Messer einer zu allem entschlossenen israelischen Befreiungsfront.

Umm Elias, die damlas noch Sarah hieß, aber kurz nach der Verhaftung von Walid bereits merkte, daß sie bald Mutter werden würde, zog zu Abu 'Ayssa in das Haus, an dessen Fenster sie heute noch stand und wartete. Auch die Oliven waren damals schon da, satte, fette Früchte, die ihrer aller Leben sichern halfen. Die gesamte Plantage zu ihren Füßen hatte schon ihrem Großvater gehört, und die vielseitigen Früchte hatten seine große Familie mit Wohlstand übergossen. Unter ihrem Volk ging das Sprichwort um, daß ein Haus mit Brot und Olivenöl niemals verloren ist. "Sorgt für den heiligen Olivenbaum, denn von ihm kommt euch der Segen", hieß es im Koran. Und der Baum vor dem Haus hatte ihr besondere Kraft verliehen. Gleich ihm wollte sie ihre Wurzeln tief in die

Erde vergraben, allen Stürmen der Zeit widerstehen und hundert Jahre alt werden.

Im Angesicht des Olivenbaums kam schließlich ihr ältester Sohn auf die Welt, mit dessen Geburt auch sie einen anderen Namen erhielt. "Umm Elias" wurde sie jetzt gerufen, Mutter des kleinen Elias, dessen Vater sie vielleicht niemals wiedersehen würde.

Wie durch ein Wunder kam er sechs Jahre später trotzdem frei, gezeichnet zwar, doch nur um so entschlossener, den Kampf fortzusetzen. Sein Volk, das wußte er, hatte nun zwei Feinde: Israel, das mehr Land wollte, und Jordanien, das vor allem die Unabhängigkeit Palästinas fürchtete und sich weigerte, das Land westlich des Jordans mit den nötigen Waffen auszustatten, die es vor den israelischen Übergriffen geschützt hätten. Walid beteiligte sich weiter an den immer verzweifelteren Ausbrüchen seines in die Enge getriebenen Volkes, und sein Wartezimmer wurde nicht mehr leer. Die Soldaten, die Befehl hatten, die Aufständischen zur Ruhe zu bringen, gingen nicht zimperlich vor. Während wochenlanger Ausgangssperren ritten sie umher und schossen auf alles, was nur eine Andeutung von Bewegung verriet.

In dieser Zeit kam Umm Elias mit ihrem zweiten Sohn nieder, den sie Jussuf nannte. Ihr Mann wurde von einer jordanischen Streife angeschossen, als er allen Ausgangssperren zum Trotz am hauseigenen Brunnen Wasser für Mutter und Kind schöpfen wollte. Der Schuß, der auf sein Herz gezielt war, wurde abgelenkt und zerschmetterte statt dessen seinen linken Arm.

Ihr Onkel Abu 'Ayssa faßte um diese Zeit den Entschluß, so bald wie möglich in den Libanon auszuwandern. Er beschwor die junge Familie, mit ihm zu gehen, doch vergebens. So hatten sie das Haus nun ganz für sich allein.

Kurze Zeit später kam es zum Blitzkrieg von 1967. Eines Morgens öffneten sie die Läden vor ihren Fenstern und wollten ihren Augen nicht trauen: Zwischen den Olivenbäumen wimmelte es von Menschen, die von einem Tag auf den anderen ihre Heimat verloren hatten und sich wie Schafe zwischen die Stämme drängelten. In den Schatten des großen Olivenbaums hatten sich eine Familie mit acht Kindern gekauert. Den ganzen Tag über waren die Bewohner des Ortes auf den Beinen, um Wasser und Lebensmittel mit den Flüchtlingen zu teilen und die Verwundeten mit den notdürftigsten Verbänden und Medikamenten auszustatten. Am Abend war alles aufgebraucht. Nur das Wasser in ihren Brunnen war unversiegbar. Für die Frau unter dem Olivenbaum jedoch kam alle Hilfe zu spät. Sie hatte sich mit einem Bauchschuß bis hierher gequält, weil ihre Kinder sie nicht alleine in Feindeshand zurücklassen wollten. Sie begruben ihre Mutter unter dem Olivenbaum und schleppten sich am folgenden Tag weiter zur jordanischen Grenze. Acht aschgraue Gestalten, in deren Gesichtern die Hoffnung erloschen war. Die jüngste von ihnen war noch kein Jahr alt.

Ein halbes Jahr später wurde trotz allem ihr drittes Kind geboren, ihre Tochter Iman, die vor kurzem das Haus verlassen hatte. Umm Elias rieb sich die Augen und mußte sich zwingen, ihre Gedanken wieder in eine angenehmere Richtung zu lenken.

Sie erinnerte sich an jenen denkwürdigen Morgen, als ein scharfer Knall den Frieden des anbrechenden Tages durchstoßen hatte. Ein israelischer Militärjeep war aus der Kurve und gegen ihren Olivenbaum geschleudert, dem dadurch ein großes Stück Rinde aus der Seite gerissen wurde. Walid und sie leisteten sofort erste Hilfe und baten die nur leicht Verletzten wie selbstverständlich in ihr Haus, um ihnen wenigstens einen Kaffee anzubieten. Halbe Kinder noch, die da unter ihren Uniformen hervorschielten. Und das blanke Mißtrauen in den Augen. Als Umm Elias das Frühstück auftrug, wollten sie nichts anrühren. Wahrscheinlich argwöhnten sie, beim ersten Bissen tot umzufallen. Bis das Eis gebrochen war, stand schon beinahe der Kommandant auf der Schwelle, um seine Schützlinge abzuholen, denn der Jeep war nicht mehr fahrtüchtig. Beim Abschied hatten sich alle vier überschwenglich bei ihnen bedankt. Wann würden sie je die Gesetze der arabischen Gastfreundschaft verstehen?

Umm Elias sah nach der Sonne. Wenn ihr Zeitgefühl sie nicht trog, dann mußten die beiden Fremden bald zurückkommen. Der Jüngere hatte sie an ihren ältesten Sohn erinnert. Der war gleich nach dem Unglück mit seinem Vater ins Ausland geflüchtet und studierte nun in Aachen Betriebswirtschaft. Walid war eines Tages zu einem Krankenbesuch gefahren und nicht mehr nach Hause zurückgekehrt. Umm Elias hatte bis heute nicht erfahren, wo er geblieben war, obwohl sie in allen Gefängnissen des Landes nach ihm geforscht hatte. Ihr Sohn jedenfalls war in Sicherheit. Aber auch ihn hatte sie seither nicht wiedergesehen. Alles, was ihr von ihm geblieben war, waren die Briefe, die sie ab und zu durch die Maschen der Sicherheitskontrollen schleusen konnten.

Die beiden Fremden kamen jetzt zurück. Umm Elias konnte die festen, schnellen Schritte unterscheiden, noch ehe sie um die Ecke bogen. Und mit einem Satz war sie an der Tür. Mochte das da draußen Freund oder Feind sein - sie konnte nicht länger warten. Die beiden jungen Männer nahmen ihre Einladung dankbar an. Verschwitzt und staubig, wie sie waren, wagten sie sich kaum auf die Sessel im Wohnzimmer zu setzen. Umm Elias dagegen war in ihrem Element. Sie wies den Gästen den Weg zum Wasserhahn, damit sie sich erfrischen und säubern konnten. Schon lag die Hälfte einer Wassermelone in mundgerechte Schnitze zerteilt auf dem Teller, der Kaffee brodelte zuversichtlich im Topf, frisches Brunnenwasser perlte in den Gläsern, und auch die Schokoladenkekse waren mit einem Griff bereit. Im Handumdrehen stellte sie alles vor den beiden jungen Leuten auf, die aus dem Staunen nicht mehr herauskamen.

Sie waren zum ersten Mal im Land. Archäologiestudenten aus Cambridge, die ihre Ferien hier verbrachten, um bei den jüdischen Ausgrabungen in Lachisch zu helfen. Heute hatten sie frei und diesen Ausflug auf eigene Faust unternommen.

Wie ihnen das Land gefiele, erkundete sich Umm Elias vorsichtig.

Oh, nicht schlecht. Aber im Grunde hatten sie noch nicht viel davon gesehen. Nur am Schabbat hatten sie frei, und dann fuhren ja bekanntlich keine jüdischen Busse.

Nun, dafür gebe es ja arabische, wandte Umm Elias lakonisch ein.

Ja, schon, aber vor denen hatte man sie ausdrücklich gewarnt. Da sei man seines Lebens nicht ganz sicher.

Nun, meinte Umm Elias augenzwinkernd, allem Anschein nach lebten sie ja noch ...

Klar, doch sie seien nicht ohne Schlottern in den Knien gekommen, gaben sie freimütig zu und bissen mit Behagen in die saftigen und rosigen Melonenstücke.

Einer von ihnen zeigte jetzt auf das Bild über dem Sekretär: "Sind das Ihre Kinder?" erkundigte er sich interessiert. "Ihre Tochter ist sehr hübsch. Lebt sie noch bei Ihnen?"

"Ja, sie lebt noch hier", gab Umm Elias zögernd zur Antwort, so als müßte sie die Worte erst auf der Zunge prüfen, ehe sie sie über die Lippen huschen ließ: "Dort draußen, unter dem Olivenbaum, haben wir sie begraben. Sie war erst sechzehn. - Sie haben sie erschossen", fügte sie tonlos hinzu. "Es ist erst einen Monat her", fuhr sie erklärend fort, um nicht länger in die verständnislosen Gesichter blicken zu müssen, die sich ihr jetzt entgegenhoben. "Bei einer Schülerdemonstration. Nichts Außerordentliches für die West-Bank. Die Soldaten schossen wahllos in die Menge. Sie wollten nicht unbedingt töten, aber sie bekommen allmählich Angst. Angst vor den Jugendlichen, die immer entschlossener ihr Recht verlangen und sich durch keine noch so schlecht gemeinte Brutalität mehr zurückhalten lassen. Jussuf, meinem jüngeren Sohn, haben sie beide Arme und Beine gebrochen, als er versuchte, dem Soldaten, der seine Schwester erschossen hatte, an die Gurgel zu gehen. Er liegt jetzt im Auguste-Victoria-Hospital in Jerusalem, wo sie versuchen, ihn wieder zusammenzuflikken."

Die beiden jungen Männer sahen zu Boden, unfähig, den Abgrund zu schließen, den sie unfreiwillig aufgerissen hatten. Und doch brannte ihnen noch eine Frage im Gesicht, die sie schon auf dem ganzen Weg beschäftigt hatte:

"Die Olivenbäume, von denen Sie eben sprachen? Wo sind sie? Wir haben keine mehr gesehen, obgleich sogar in unserem Reiseführer von ihnen die Rede ist. Statt dessen ist die Erde aufgewühlt, und lauter häßliche Furchen durchkreuzen das Land."

"Ja", seufzte Umm Elias und hatte jetzt wirklich Tränen in den Augen, "sie haben die Bäume aus dem Boden gerissen. Mit Stumpf und Stiel. Vor wenigen Tagen erst wurden wir wach und starrten auf diese kahle, trostlose Ebene. Zwei Tage später kamen sie dann mit Bulldozern und Wohnwagen, um eine neue Siedlung zu gründen. Gusch Emunim. Die größten Fanatiker im Land. Wenn Sie zum Fenster kommen, können Sie die Siedlung sehen. Dort hinten, hinter dem Stacheldraht. - Sie haben natürlich Angst vor uns", schloß Umm Elias nicht ohne Genugtuung.

"Aber wir haben auch Angst", flüsterte sie plötzlich. "Darum sieht man so wenig Leute auf der Straße. Unsere Türen und Fenster bleiben geschlossen. Wir haben Angst vor Spitzeln!"

Nachdenklich machten sich die Studenten auf den Rückweg. Umm Elias sah ihnen noch lange nach. Sie schritten weniger leichtfüßig aus, obwohl es jetzt bergab ging. Sie hatte ihnen beim Abschied noch einige Früchte für unterwegs zugesteckt. Vielleicht würden sie, wenn sie nach Hause kamen, etwas von dem, was sie ihnen erzählt hatte, weitergeben können. Auf jeden Fall aber würden sie von nun an mit anderen Augen durch's Land reisen.

Umm Elias' Blicke wanderten wieder hinüber zu dem wüsten Stück Land, das einst Freude und Reichtum ihrer Familie begründet hatte. Wenn sie keine Bäume mehr hatten, dann mußten eben die Menschen selbst füreinander zu Bäumen werden, standfest und tief verwurzelt, mit einer unverwüstlichen Borke und einem unermüdlichen Lebenswillen. Bäume konnte man brechen und Menschen konnte man töten. Aber sie würden wieder nachwachsen, - die Olivenbäume - und auch die Menschen. Beide gehörten sie in dieses Land wie die Wolkenbrüche zum Herbst. Ihre Wurzeln reichten tief hinab in die Erde, und niemand konnte sie ausreißen, ohne sich gleichzeitig um die Früchte der Ernte zu bringen.

Nachtfahrt nach Jerusalem

Schon als sie von Ein-Gedi aufbrechen wollten, hatte sich ein mulmiges Gefühl in Sha'uls Magengrube eingenistet. Wenn es nach ihm gegangen wäre, hätte sich der Bus schon eine Stunde früher in Bewegung gesetzt. Dann hätten sie wenigstens sicher sein können, Jerusalem noch vor Einbruch der Dunkelheit erreicht und damit das schlimmste Stück des Weges bereits hinter sich zu haben.

Doch Ephraim und die Kinder hatten seine Bedenken in den Wind geschlagen. Sie alle, die sonst nur die stickige Stadtluft von Tel-Aviv einatmeten, hatten die grüne Frische der Süßwasserquellen von Ein-Gedi eingesogen wie ein Kaktus den ersten Herbstregen. Und Ein-Gedi war ein Segen - ein Paradies sprühender Wasserkaskaden und üppiger Pflanzenwucherungen am Rande des salzverkrusteten Meeres, das ein Gott verflucht haben mochte im Zorn über abtrünnige Menschenkinder.

Sha'ul und Ephraim befanden sich mit ihren Schülern auf Exkursion zu den archäologischen Stätten jüdischer Geschichte am toten Meer, allen voran die Festung Massada, Pflichtprogramm und Mahnmal für jüdische Nationalisten, die hier ihren Eid ablegten, niemals die Schmach ihres Volkes zu vergessen und sich niemals wieder derart in die Defensive treiben zu lassen.

Dem Ernst der Geschichte sollte Ein-Gedi den feuchtfröhlichen Schlußpunkt aufsetzen, und in der Backofenhitze des grellen Tages konnten Haut und Augen das belebende

Naß kaum erwarten. Sha'ul hatte es nicht einmal übers Herz gebracht, sich selber zu enttäuschen, obwohl er sich bewußt war, daß es besser gewesen wäre, in Ein-Gedi erst gar nicht mehr anzuhalten. Auf der Strecke zwischen Massada und Ein-Gedi nämlich hatte der Fahrer einen leichten Schaden am Getriebe wahrgenommen. Der Bus war ein wenig langsamer vorangekommen als gewöhnlich, und das ließ für die Weiterreise nichts Gutes erwarten.

Sha'ul ärgerte sich jetzt, daß er dem Drängen der Kinder und des jüngeren Kollegen nachgegeben hatte. Schließlich trugen er und Ephraim die Verantwortung für das Unternehmen. Und was es bedeutete, die Strecke zwischen Jericho und Jerusalem im Dunkel der hereinbrechenden Nacht in einem nicht mehr ganz zuverlässigen Fahrzeug zurücklegen zu müssen, mochte wohl nur ermessen, wer die Tücke des palästinensischen Feindes kannte.

Und nun auch noch dieses Malheur, das ihren Aufbruch auf unbestimmte Zeit hinauszögerte: Beim Durchzählen im Bus hatten sie entdeckt, daß ein Schüler verlorengegangen war. Jemand wollte sich entsinnen, ihn zuletzt am oberen Wasserfall gesehen zu haben. Für Sha'ul umd Ephraim bedeutete dies: Ausschweifen und Suchen und dabei weitere wertvolle Minuten zu vergeuden, Minuten, die am Ende ihrer aller Leben kosten könnten. Der Junge rannte ihnen glücklicherweise auf halbem Wege in die Arme, und Sha'ul war zu erleichtert, um harte Worte für ihn zu finden. Was konnte schließlich ein Kind für die politischen Desaster seines Landes?

Doch der Sonnenuntergang war nun nicht mehr aufzuhalten. Selbst bei voller Geschwindigkeit wäre die Dunkelheit spätestens hinter Jericho über sie hereingebrochen. Zwischen Jericho und Jerusalem aber dehnte sich nichts als die Wüste, die in ihren Falten den Feind verbarg.

Langsam rollte der Bus seinem Schicksal entgegen ...

Ob die Gewehre ausreichen würden, um sie vor Überraschungsangriffen zu schützen? Ein jüdischer Bus bei Dunkelheit im besetzten arabischen Gebiet war, noch dazu wenn eine

Panne ihn zum Halten zwang, so verloren wie ein Huhn in der Hand des Schlächters.

Im Bus begann sich eine Art von Hysterie auszubreiten, der sich auch die beiden Lehrer nicht ganz entziehen konnten. Zu viele schauerliche Geschichten waren in Umlauf, die jeden Palästinenser bei Nacht in einen verkappten Terroristen verwandelten.

Die Straßenwachen, die tagsüber auf dieser Strecke die arabischen Fahrzeuge kontrollierten, waren um diese Zeit längst eingezogen. Sha'ul erinnerte sich, wie er selbst als junger Soldat hier patrouilliert hatte. Mit vorgehaltener Waffe hatten sie die Araber unter sengender Sonne zum Aussteigen gezwungen und sie einer oft entwürdigenden Prozedur von Leibesvisitation und Paßkontrolle unterzogen. Friedliche Leute, die nichts weiter vorhatten als Einkäufe oder Verwandtenbesuche. Konnte man es ihnen verdenken, wenn sie sich bei passender Gelegenheit schadlos hielten?

Die Lichter des ersten Dorfes kamen in Sicht, und ein verhaltenes Aufatmen raunte durch den Bus. Jerusalem rückte näher. Da brachte ein plötzlicher Ruck den Wagen jäh zum Stehen. Das Getriebe! Sha'ul hatte es kommen sehen. Nun waren sie dem Feind ausgeliefert mit Haut und Knochen.

Nach draußen traute sich keiner mehr. - Die Erwachsenen griffen zum Gewehr. Lange Zeit regte sich nichts. Dann gingen von zwei verschiedenen Seiten her Türen auf, und vor den Häusern wurden Köpfe sichtbar, die angestrengt in Richtung Bus starrten und dabei Bewegungen vollführten, als wollten sie die Häupter ihrer Opfer vorher abzählen.

Sha'ul umklammerte sein Gewehr und sicherte zusammen mit dem Fahrer die vordere Front des Busses. Von den Kindern kein Laut mehr.

Es schien eine Ewigkeit zu dauern, bis sich endlich die beiden Türen wieder öffneten und vier oder fünf Gestalten sich langsam näher heran schoben. Kurz bevor er sein Gewehr fallen ließ, erkannte Sha'ul durch den Schleier seiner Angst, daß die Menschen, die nun vorsichtig zu ihnen herüber balancierten, weder Knüppel noch Handgranaten trugen, sondern mit beiden Händen etwas Flaches und Rundes hielten, von dessen Oberfläche dünne Dampfschwaden sich weißlich gegen den Nachthimmel schlängelten. 'Sieht wie Tee aus', dachte er entgeistert und war sich nicht sicher, ob seine Augen ihm etwas vorgaukelten. 'Darum haben sie also gezählt, wieviele wir sind! Damit sie auch genügend Tassen ...'

"Tfaddal", die Araberin strahlte, als sie Sha'ul zum Zugreifen einlud. Und als der die erste Tasse mit heißem Tee vom Tablett nahm, hätte er gerne das arabische Wort für "dankeschön" über die zitternden Lippen gebracht, aber es wollte ihm beim besten Willen nicht mehr einfallen.

Wüstenschiff

Die Wüste schaukelt, gaukelt,
zwischen Sanddüne und Fata Morgana
sucht ein Kamel den Weg zur Tränke -
- und begräbt seine Träume hinter Stacheldraht.

Verwitterte Hände brauchten das Feuer, das sich ihnen entgegenreckte, denn die Nacht versprach kalt zu werden wie alle Nächte der Wüste, und der Mantel des alten Beduinen hatte schon Löcher. Hammelfett troff zischende Laute ins funkenknisternde Feuer, und Abu Salem drehte versonnen den Spieß herum. Unschlüssig wanderte sein Blick hinüber zu El-Hawa, der in der Ecke lag, den Kopf erhoben, ein Bild der Selbstgenügsamkeit und der unerschöpflichen Geduld. Die Kinder hatten den ganzen Tag über nicht von ihm ablassen wollen.

'Ich hätte ihn töten sollen', schoß es Abu Salem durch den Kopf, 'gleich in Jerusalem!' Dann wandte er sein Gesicht wieder dem Hammel zu, der zischend sein Fett verspritzte, und schob Kameldung nach, damit das Feuer am Leben blieb, solange sie es brauchten.

Als der Hammel gebraten war, nahm sein ältester Sohn ihn ab, und sein kleiner Enkel reichte ihm statt dessen die Pfanne mit den Kaffeebohnen. Abu Salem röstete die Bohnen über dem Feuer, und als sie angenehm dufteten, nahm er sie heraus und ließ sie nacheinander wie satte Perlen in den Mörser rieseln.

"Oh Allah, Schöpfer der Sonne", summte er vor sich hin, während der dicke hölzerne Stößel im Rhythmus dazu stampfte. "Die großen Dinge, die ich vom Leben erbitte, sind: ein großes Haus von Haar und eine große Herde Schafe, um alle meine Gäste bewirten zu können, und viele Milchkamele, um den Durst der vorbeiziehenden Fremdlinge stillen zu können, und eine Schar von Freunden um mich herum und ein Gewehr in meiner Hand ... und ..."

Selbstvergessen hatte Abu Salem sich dem Rhythmus überlassen, während die Worte über seine Lippen flossen; nun hob er abrupt den Kopf und blickte um sich, als wenn er aus fernen Trauminseln in die Wirklichkeit zurückkehrte. Eine ganze Schar von Kindern hatte sich mittlerweile um ihn herum versammelt. Mit leuchtenden Augen klatschten sie den Takt zu seinem Lied, das sie alle längst auswendig kannten und doch immer wieder hören wollten.

"Weiter, Abu Salem, weiter" ... "Und eine schöne rote Stute ..." fielen jetzt alle im Chor ein, um den alten Mann zum Weitersingen zu bewegen. Doch der preßte mit einem Mal die Lippen fest zusammen und stieß nur immer heftiger auf die dunkle Masse am Boden seines Mörsers ein. So sangen die Kinder das Lied alleine zu Ende, und als Abu Salem in ihre glühenden Gesichter schaute, war es plötzlich nicht mehr nur das Feuer, das seinen ausgemergelten Körper durchwärmte.

Nicht eher hörte er auf mit Stampfen, als bis das Pulver sich feiner anfühlte als selbst Sand aus Sandsteinfelsen. Er vermischte es mit Kardamomsamen und fügte andere Gewürze hinzu, deren Mischung nur er kannte. Ja, auf's Kaffeezubereiten verstand er sich. Dazu hatte er ein Beduinenleben lang Zeit gehabt, und im Stamm der Atauneh ging das Gerücht um, Allah werde ihm schon allein deshalb die Pforten des Paradieses offenhalten, damit er endlich auch einmal in den Genuß von Abu Salems köstlichem Kaffee käme.

Die Kinder hatten die dickbauchigen und langschnäbeligen Messingkannen schon in Reih und Glied vor ihn hingestellt. Sieben waren es an der Zahl. Aus der schwärzesten hatte sein eigener Großvater schon Kaffee ausgeschenkt. Abu Salem strich ehrfürchtig über ihren zerbeulten und rußverkrusteten Bauch. Dann nahm er die größte der Kannen, füllte sie mit Pulver und Wasser und begann andächtig mit der Zeremonie.

Heute war Festtag. Die ganze Familie wollte seine Heimkehr feiern. Nachher würden sich alle um das Feuer versammeln, die Erwachsenen würden genüßlich ihren Kaffee schlürfen, bitter und unversüßt wie das wechselvolle Leben der Beduinen selber, und dann würden sie den Hammel verzehren, den er eigenhändig über den Flammen geröstet hatte.

Zeit - die hatte er nun in Hülle und Fülle und mehr davon als er brauchen konnte. Auch El-Hawa, der nicht weit von ihm an einer Handvoll Dattelkernen knabberte, hatte nun Zeit.

'Ich hätte ihn doch töten sollen -, als noch Gelegenheit dazu war', dachte er wieder und wandte schnell den Blick ab. Heute war schließlich ein Festtag: Schabbat. Da blieben die Fabriken zu und die Arbeiter zu Hause. Früher war ihn das nichts angegangen. Im Koran stand: Du sollst beten am fünften Tag. Daran hatte er sich gehalten. Der sechste Tag war ein gewöhnlicher Tag wie alle anderen. Wußte er auch nicht, was die Juden mit ihrem sechsten Tag hatten. Nach dem mußte sich jetzt alles richten. Seine Kinder hatten ihm das erklärt. Von denen arbeiteten jetzt manche bei den Juden.

Ihn konnten sie nicht mehr gebrauchen. Er gehörte schon in die Reihe zu den alten Messingkannen, die auch bald niemand mehr benutzen würde. Wenn sie alle noch im Lager gelebt hätten, hätte er sich nützlich machen können. Die Arbeit eines Beduinen hört erst auf mit seinem letzten Atemzug. Vorher hätte er noch Butter machen und Kaffee zubereiten können, zum Markt ziehen und Waren eintauschen, den Frauen im Lager zur Hand gehen können. Seine Stimme wäre im Rat der Alten gehört worden, und seinen Engeln hätte er die Lieder und Geschichten seines Stammes erzählt. Und ab und an wäre er auf seinem Kamel in die Weite geritten ...

Bedächtig zündete Abu Salem sich eine Zigarette an und blies den Rauch hinaus zum Himmel, an dessen Rändern sich schon die ersten blassen Sternbilder abzuzeichnen begannen. Unter freiem Himmel war er einst geboren worden, ein besonders glückverheißendes Zeichen für einen Beduinenjungen. Dürre und Heuschrecken hatten seine Familie damals von ihrem Land vertrieben, und so war er zwischen Schafen und Kamelen auf die Welt gekommen, noch ehe die Pfosten ihres Zeltes auf dem neuen Weidegrund vertaut gewesen waren.

Und die zehn Wünsche eines Beduinen - die waren ihm nach und nach in Erfüllung gegangen, ganz wie es die glücklichen Umstände seiner Geburt vorhergedeutet hatten. Ein großes Zelt und eine ansehnliche Herde von Schafen und Ziegen konnte er mit Hilfe Allahs schon bald sein eigen nennen...

Abu Salem nahm den brodelnden Kaffeetopf vom Feuer, wartete, bis der Kaffeesatz sich nach unten senkte, um anschließend die sämige Flüssigkeit in die nächstkleinere Kanne umzuschütten. Er setzte sie zurück auf den Dreifuß über dem Feuer und hing weiter seinen Gedanken nach.

Zur Hochzeit hatte ihm sein Vater dieses Kamel geschenkt - "El-Hawa" - ein Tier, so schnell und ausdauernd wie der Wind, nach dem es benannt war; und der Grundstock für eine kleine Herde stattlicher Milchkamele, die immer bereit sind, die Lasten eines Beduinenlebens auf ihre Höcker zu nehmen, ohne dafür als Gegenleistung mehr zu verlangen als die Disteln, die ihnen der Wüstenboden vor die Hufe streut.

Auch Dolch und Gewehr hatten seiner Hand nicht gefehlt, doch war er dankbar gewesen, sie nie gegen einen Menschen erheben zu müssen. Er war Scheich seiner ganzen Sippe geworden und hatte eine kluge und starke Frau an seiner Seite gehabt. Die Zahl seiner Kinder war von Jahr zu Jahr gewachsen. Elf waren es schließlich, doch von der Geburt des zwölften war seine Frau nicht mehr aufgestanden ...

Wieder warf der Kaffee im Topf Blasen und stieg bis an den Rand, worauf Abu Salem den dampfenden Brodem in die nächste Kanne hinüberfließen ließ.

Hatte er schon vorher von seinem angestammten Recht auf vier Frauen keinen Gebrauch gemacht, so sah er nach dem Tode seiner langjährigen Gefährtin erst recht keinen Anlaß dazu. Die Kinder kamen auch so durch. In einem Beduinenlager kümmert sich jeder um jeden, und niemand muß alleine sein.

Doch sein Stern schien sich seither von ihm abgekehrt zu haben und mit ihm von seinem ganzen Stamm. Es kamen Zeiten der Dürre, die seine Herden dahinschwinden ließen wie den Tau an der Morgensonne. Die israelische Verwaltung in Beer Sheva, die ihnen Futterrationen für die Tiere zuteilen mußte, versprach ihnen Unterstützung, wenn sie ihr Wanderleben aufgeben wollten. Die Israelis brauchten das Land unter der Erde für ihre militärischen Lager und über der Erde für ihre landwirtschaftlichen Unternehmungen, mit denen sie angeblich die Wüste zum Blühen bringen wollten.

Der Kaffee wäre beinahe über den Rand geklettert, wenn Abu Salem nicht im letzten Augenblick den Topf vom Feuer gerissen hätte. Die nächstkleinere Kanne war an der Reihe, und er konnte seinen Gedanken wieder freien Lauf lassen.

Er kannte den Wüstenboden wie seine zweite Haut. Er blühte wann und wie es ihm beliebte, und was man ihm auf der einen Seite abtrotzte, konnte er auf der anderen wieder zurücknehmen. Man mußte ihn vorsichtig behandeln wie ein wertvolles Kamel, das man auch nicht zum Äußersten treiben durfte. Aber die Israelis schienen entschlossen, es zum Äußersten zu treiben. Davon zeugten die vielen Stacheldrähte, die neuerdings die Weite des Landes zwischen ihre Maschen nahmen und diejenigen, die es als erste bewohnt hatten, immer weiter in die Enge trieben.

Ums Feuer versammelten sich nun mehr und mehr Familienmitglieder, die alle zusahen, wie der Kaffee von einer Kanne in die nächste lief, bis er schließlich rein und sehr stark aus der kleinsten Dalleh in die Tassen verteilt werden konnte. Das Mahl war eröffnet. Stolz blickte sich Abu Salem im Kreise seiner Verwandten um. Seine ältesten Töchter brachten die dampfenden Schüsseln herbei, auf denen der Hammel nun in Stücken lag, umgeben von Reis in einer fetttriefenden Soße und unterlegt mit den großen runden Fladenbroten, die so karg und dünn waren wie der Wüstenboden selber, und doch dem Beduinen genauso unentbehrlich zum Leben. Abu Salem als dem geehrtesten Mitglied der Runde legte man die besten Stücke vom Fleisch vor. Dann gruben alle gleichzeitig ihre Finger tief hinein in die öligen Schüsseln und schmatzten fröhlich, um zu zeigen, wie gut es ihnen schmeckte.

Jetzt, so im Dunkeln und nur vom Feuerschein beleuchtet, hätte Abu Salem beinahe vergessen können, daß er nicht vor seinem Zelt, sondern in einer betonnierten Zelle saß, die man "Hof" nannte und die den Ausblick nur auf einen kleinkarierten Ausschnitt des Himmels freigab, der die Sternbilder zerstückelte, nach denen er sich sein Lebenlang gerichtet hatte. Es war ein enges und schmales Haus, das zu diesem Innenhof gehörte, dessen Grenzen wieder die Wände für andere enge und schmale Häuser bildeten, die wie Bienenwaben aneinandergepreßt waren und alle gleich aussahen. Und alle aus Beton, das sich unter der gleißenden Wüstensonne in glühendes Eisen und zur Nacht in einen Mantel verwandelte, der keine Wärme mehr abgab. Was Wunder, daß abends in den Höfen der Siedlung oftmals die Feuer aufflackerten, als zeugten sie vom letzten Funken eines zu Freiheit und Weite geborenen Volkes.

Tagsüber gingen sie ihren Geschäften nach. Verdingten sich auf den Feldern der Moschavim und Kibbuzim, beim Straßenbau oder in den Fabriken der neuen israelischen Städte. Oder sie wurden Lehrer wie sein ältester Sohn oder träumten von einem Studium an der Universität von Beer Sheva wie zwei seiner jüngeren Söhne und neuerdings sogar eine seiner Töchter, die alle noch zur Schule gingen. Die Wünsche eines Beduinen können sich ändern ... Früher hätte ein Mädchen nicht einmal daran denken dürfen, zur Schule zu gehen. Doch es war sein eigener Sohn gewesen, der diese Neuerung eingeführt und - als Sohn eines Scheichs - auch durchgesetzt hatte.

Heute gingen alle Töchter seines Stammes in die Schule, wie es ihnen die jüdischen Mädchen schon seit langem vormachten, und Abu Salem war sich immer noch unschlüssig, ob er diese Entwicklung begrüßen sollte oder nicht.

Der Gang der Ereignisse schien über seinen Kopf hinwegzufegen wie ein Heuschreckenschwarm, und er hatte aufgehört sich gegen den Sog zu stemmen. Mochten diese neuen Heuschrecken in den Köpfen seines Volkes ganze Gebiete kahlfressen, er hatte die Verantwortung dafür aus der Hand gelegt. Nur als sie ihn in diesen Würfel aus Beton umlagern wollten, da war die Flamme in seinem Innern dagegen aufgestanden. Er hatte El-Hawa gesattelt und war mit dem treuesten all seiner Gefährten nach Jerusalem hinausgezogen, um auf diese Weise wenigstens noch ein kleines Scherflein zum Lebensunterhalt seiner Familie beizutragen.

Die Touristen zahlten gut, wenn sie ihn in seinem goldberänderten schwarzen Mantel neben seinem prächtig gesattelten Kamel fotografieren durften. Anfangs hatte er sich geweigert, sie aufsitzen zu lassen, weil er El-Hawa das ewige Auf und Ab ersparen wollte. Auf die Dauer konnte er allerdings auch das nicht verhindern, denn die Amerikaner zahlten harte Dollars, die bei der galoppierenden Inflation Gold wert waren. Und außerdem war er nicht der einzige Beduine, der auf die Idee gekommen war, hier seinen letzten Lebensunterhalt zu verdienen. An manchen Sommertagen quoll der Ölberg zu beiden Seiten über von fotografenhungrigen Kameltreibern, und wie es El-Hawa dabei ging, daran mochte Abu Salem schon gar nicht mehr denken. Und so zog er eines Tages zurück über die Hügel, aus denen er gekommen war, zur Freude seiner Verwandten, die froh waren, ihr altes Sippenoberhaupt wieder bei sich zu haben.

Kraftvoll fuhr der Bogen über eine Roßhaarsaite und ließ Töne aufsteigen, die sich wie silbrige Blindschleichen ihren Weg durch die Nacht suchten. Das Mahl war zu Ende, das Fest würde noch lange dauern. Abu Salems Schwager Abu Hassan hatte seine Rebaba angestimmt, eine Geige mit nur einer einzigen Saite, aus der er gleichwohl viel Melodien hervorzaubern konnte. Die Kinder klatschten und stampften schon wieder im Takt dazu. "Die zehn Wünsche eines Beduinen" spukten noch immer in ihren Köpfen herum, obwohl keines von ihnen mehr mit ihrer Erfüllung rechnen konnte. Nur die Reise nach Mekka und das Paradies standen ihnen in dieser langen Reihe von Wünschen noch offen ...

Abu Salem spürte hinter sich die Mauer aus rauhem Beton und drehte sich eine neue Zigarette. Ein anderer bereitete jetzt Tee und Kaffee, und er fühlte sich auf einmal sehr müde. Seine Familie hatte sich schon daran gewöhnt, daß er kaum noch sprach, seit er zurückgekommen war, und man ließ ihm den Frieden eines alten Scheich, der lange Zeit der umsichtige Führer der ihm Anvertrauten gewesen war.

Als das Feuer verloschen war, zeigte der Sternenhimmel jenseits der Mauern Abu Salem ein neues Gesicht. Reglos lag er auf dem Rücken und ließ mit den Sternen sein Leben vorüberziehen. Er, der unter freiem Himmel geboren war, konnte es auch jetzt nicht über sich bringen, seine Schlafmatte in einem dieser stickigen Zimmer auszurollen. So blieb er lieber vor der Tür, in eine Decke aus Kamelhaar eingewickelt und an den wärmenden Leib von El-Hawa gedrückt, wie er es oft getan hatte, als er noch auf dem Felde bei den Herden schlief. Er bereute nun nicht mehr, daß er ihn in Jerusalem nicht zum Schlächter gebracht hatte.

Mitten in der Nacht wachte er auf. Der Mond warf lockende Schatten zwischen die Mauern des Hofes. Abu Salem richtete sich auf und schüttelte den Sand aus seiner Decke. Behutsam und um niemanden aufzuwecken, führte er El-Hawa durch das offene Hoftor ins Freie. Draußen saß er auf und lenkte sein Kamel der Wüste zu. Und als die Sichel des abnehmenden Mondes am Himmel verblaßte, da hatte "der Wind" ihn über den Horizont hinausgetragen.

Beduinen in Deutschland

"Fie bedu fil Alemania?"

Diese schlichte Frage erst - ausgesprochen in der luftigen Höhe des Zweitausendermassivs - ließ so richtig den Abgrund erkennen, vor dem sie standen. Und wie um sich zu vergewissern, daß sie ihn auch wirklich verstanden hätten, wiederholte der dunkelhäutige, etwas finster dreinblickende Mann, was ihm am Herzen lag: "Fie bedu fil Alemania?" - gibt es Beduinen in Deutschland?

Der Blick des jungen Beduinen, etwa im selben Alter wie seine beiden deutschen Begleiter, traf in zwei überraschte Augenpaare. Nachdem er auf dem unteren Plateau bereits mit einigem Erstaunen registriert hatte, daß es keine Adler im Erfahrungsbereich dieser beiden Fremden zu geben schien, mußte er nun mit gerunzelter Stirn ihren Blicken entnehmen, daß auch für Lebewesen seiner eigenen Art in ihrer Heimat offensichtlich kein Platz war, daß die Welt, die ihm alles bedeutete, dort einer Fata Morgana gleichkam.

Zwischen ihnen der Abgrund - nicht nach Klaftern zu messen, sondern nach Erfahrungen. Was diese beiden Fremdlinge bewegen mochte, wenn sie nicht mit ihm unterwegs waren, ging über seinen Horizont hinaus. Er ahnte, daß selbst seine kühnsten Träume niemals dort ankommen würden, wo sich seine beiden Begleiter so selbstverständlich aufhielten, wie er in den Felsklüften des Dschebel Sirbal, in denen sie ohne seine Hilfe verlorengegangen wären.

Seine Welt war die Wüste, die Hochgebirgslandschaft der westlichen Sinai-Halbinsel, die Oase Feiran darin Inbegriff von Leben und Fruchtbarkeit. Mit dem Asphalt des modernen jüdischen Eilat waren seine Sandalen noch nie in Berührung gekommen. Was er zum Leben brauchte, gaben sein Brunnen, sein Garten, sein Zelt, sein Vieh, der Markt in El Arish und ab und an diese hellhäutigen Besucher, die einen Führer und sehr viel Gepäck brauchten, um den steilen Gipfel des Dschebel Sirbal, des höchsten Berges dieser Region, erreichen zu können. Mittlerweile hatte er sich an den Anblick rucksackbewehrter Schultern und lederprofilgepanzerter Füße gewöhnt, und er wunderte sich nicht mehr, wieso seine Schützlinge ihm nur keuchend zu folgen vermochten, während er in seinen leichten Sandalen wie eine Gazelle von Fels zu Fels hüpfte und von Quellauf zu Quellauf seine Zigarettenpause einlegte. Eine Decke für die Nacht und ein Säckchen mit Mehl, Zucker, Tee, Tabak und Zündhölzern, beides lässig über die Schulter geworfen, war alles, womit er sich auf diesem Ausflug beschwerte, und wenn er vom Berg zurückkam, war von den Lebensmitteln, die er redlich mit seinen Gästen zu teilen pflegte, nichts mehr übrig.

Die beiden Deutschen, Student und Studentin aus Jerusalem, überließen sich hingerissen dem Ausblick in die Weite. Gerne hätten sie ihrem wißbegierigen Führer zu einem Blick über den Abgrund verholfen, der seine und ihre Welt so unwiderruflich voneinander trennte, wie der Golf von Suez den Sinai vom ägyptischen Festland fernhielt.

Hätte er gewußt, was sie wußten! Aber unmöglich, es ihm auch nur in Andeutungen zu vermitteln. Selbst die glänzendsten Arabisch-Kenntnisse hätten kein Bild von "Alemania" in seiner Seele entwerfen können; nicht von den Flüssen, Bergen und Seen, den Fachwerkhäusern, Kirchen und Schlössern, dem Reichtum an Wiese, Wald und Regen. Die Oase Feiran, deren vier Kilometer langer Palmengürtel bis dahin seine Vorstellungen von Überfluß und Fruchtbarkeit geprägt hatte, würde in ihrer Großartigkeit zusammenschrumpfen wie sein

Dattelvorrat im Winter. Aber daß zwischen Autobahndreiekken, Hochhäusern, Fabrikhallen und Gartenzäunen kein Platz für Zelt und Esel sein würde, müßte ihm nur zu schnell einleuchten. Und daß Wasser und Wälder im Überfluß noch lange nicht deren Wertschätzung garantierten, wäre vielleicht die nächste bittere Lektion seiner Alemania-Exkursion. Und ob er sich dann plötzlich nicht wieder ungeheuer reich dünkte mit seinem geflickten Zelt, seiner Quelle und der Nähe zu einem Dattelpalmenwald, der noch Generationen nach ihm das Glück von Schutz und Geborgenheit inmitten karger Sandsteinfelsen spenden würde?

Beim Abendessen, als sich ihre Finger in die gemeinsame Reisschüssel drückten, hatten sie Muße, dieser Frage nachzuhängen. Mit dem Schwinden der Sonne hatte sich auch der Friede der Oase über sie gesenkt. Feuer flackerten da und dort vor den Zelten, über deren Glut das dünne Fladenbrot der Wüste zubereitet wurde und zwischen denen vereinzelte Schatten von Spätheimkehrern jetzt eilends den Weg nach Hause suchten. Der Friede des ausklingenden Tages heilte vorübergehend den Riß zwischen zwei Welten, die auf die schmalen Brücken der Verständigung von Mensch zu Mensch angewiesen bleiben.

Zwiegespräch über wüsten Steinen

--- "Wo immer die Welt am schönsten war, da war sie öd und leer ..."

Merkwürdig, was einem so alles durch den Kopf geht, wenn man durch diese verlassenen Welten stolpert. Seit gestern schon schleicht sich dieser Satz durch den Rhythmus meiner Schritte.

Als hätte er schon damals gewußt, daß ich eines Tages in die Wüste gehen und ihn da brauchen könnte. So hatte er sich in mir am Leben erhalten, während der Rest der Ballade von "Archibald Douglas" längst mit den anderen grauen Zellen in meinem Hirn abgestorben war. "Ich hab' es getragen sieben Jahr" - länger sicher nicht. Statt dessen trage ich jetzt sieben Liter Wasser in eine unbestimmte Zukunft. Sieben Liter Flüssigkeit pro Tag braucht der Mensch, wenn er sich einer Wüste ausliefert, die ihm erst nach 45 km Querfeldeinmarsch eine Quelle beschert. Sie gehen sparsam um mit ihren Kostbarkeiten, die Nordausläufer des Sinai. Und immerhin ist es möglich, daß wir die Quelle heute abend überhaupt nicht finden ...

--- Ob wir die Quelle heute abend wirklich finden? - Da bin ich mir eigentlich ganz sicher. Habe schließlich alles vorausberechnet und die Karten schon wochenlang eingehend studiert.

Vor ein paar Minuten haben wir zum ersten Mal unseren Kompaß eingesetzt. Das heißt "wir" und "unser" ist eigentlich zuviel gesagt. Denn eigentlich ist es nur meiner und habe auch nur ich ihn angelegt. Hella verläßt sich da voll und ganz auf mich - War ja eigentlich nur eine Notlösung, daß ich sie mitgenommen habe. Aber von den Männern aus unserer Gruppe war niemand zu bewegen. Und so ganz alleine hätten sie mich nicht ziehen lassen. Da kann zuviel passieren. Obwohl ich nicht sicher bin, ob mir Hella eine große Stütze wäre, wenn uns hier wirklich ein Unglück über den Weg liefe ...

--- Eben zum ersten Mal den Kompaß aus der Tasche gezogen. Wir konnten abkürzen. Gut, daß Pit damit umgehen kann. Ich weiß nicht, ob ich das fertigbrächte, alles so genau zu berechnen. Vielleicht, wenn ich müßte. Aber es geht ja auch ohne mich. Es kostet mich schon Anstrengung genug, hier mitzuhalten. Die Steine, der Durst, die Sonne, die Fliegen, die Hitze, der heiße Wind: Chamsin - da legt sich kein Hirtenhund vor's Zelt. Nur wir maschieren hier. Weil wir die Zeichen nicht deuten konnten - und weil es eben unser Plan war ...

--- Wenn das nur kein Wahnsinnsmarsch wird. Heute morgen hätten wir noch umdrehen können. Jetzt sind wir schon zu weit fortgeschritten. Von da, wo wir jetzt sind, ist der Weg zurück mit ebensovielen Risiken behaftet wie der Weg nach vorne. Dann schon lieber die Flucht nach vorne. Der Weg zurück käme ohnehin einer Niederlage gleich. Und an Tod müssen wir ja jetzt noch nicht denken ...

--- Als wir den ausgedienten Armeelastwagen im Geröll stecken sahen, mußte ich unwillkürlich an Tod denken. Die vom Wüstenwind hin- und hergebeutelte Tür gab Töne der Verlassenheit von sich, die Trostlosigkeit als letzten Trost bereitzuhalten schienen. Die Vergeblichkeit gewaltsamer Pläne, hier hatte sie sich ein unfreiwilliges Denkmal geschaffen. Was einst zielgerichtet zum Einsatz kommen sollte, bot nun ein Bild der Weltvergessenheit. Wo immer die Welt am schönsten gewesen sein mochte -, hier war sie nur noch öd und leer. Und seltsamerweise ging für mich von diesem Laster plötzlich mehr Einsamkeit aus als von allen Steinen der Wüste zusammengenommen. Die Steine waren eben hier am Platz ...

--- Der Lastwagen konnte immerhin als Zeichen dafür dienen, daß hier schon einmal Menschen gewesen waren. Ob sie aber ans Ziel gelangt waren? Eher sah es nicht danach aus.

Hella meinte "unheimlich", als wenn da plötzlich der Kadaver eines Toten zu unseren Füßen läge, der uns aus gespenstischen Augenhöhlen seinen letzten Fluch hinterhersandte. Allerdings hatte Hella schon immer ein bißchen zuviel Phantasie. Es muß ja nicht gleich so enden. Und außerdem liegen wir nach meinen Berechnungen gut in der Zeit. Wenn wir noch ein- bis zweimal abkürzen, können wir die Quelle schon lange vor Einbruch der Dunkelheit erreichen. Was wir auch dringend nötig haben. Unsere Wasservorräte verschwinden, als hätten unsere Kanister Löcher ...

--- Reden können wir schon lange nicht mehr miteinander. Wenn sich unsere Lippen auftun, dann nur noch, um die Hälse unserer Feldflaschen zu umklammern. Ich glaube, ich bekomme zu wenig Wasser ab. Pit macht einfach größere Schlucke. Wir hätten einen Becher mitnehmen sollen, um gerechter zu teilen. Aber Pit scheint auch noch mehr unter der Hitze zu leiden ...

--- Es ist schon ein aberwitziges Gefühl, plötzlich schreien zu wollen und dann nicht mal mehr ein heiseres Raunen aus sich herauszubringen. Als wenn die Wände der Gurgel sich plötzlich verschworen hätten, keinen Laut mehr durchzulassen. Wasser her - oder du kannst dein Leben in den Wüstenwind schreiben!

Und das einzige Wasser, das uns noch zur Verfügung steht, verschwindet mit Hella gleich über den Hügelkamm. Warum nur dreht sie sich nicht um? Bin ich ihr so gleichgültig geworden, wie Liebende sich werden können? Sie müßte es doch spüren, daß ich nicht mehr bei ihr bin! Sie kann doch da alleine gar nicht weitergehen. Bei ihrem Orientierungssinn! Wenn wir uns hier aus den Augen verlieren, haben wir uns vielleicht vor einer halben Stunde zum letzten Mal angeschaut, ohne es zu wissen. "Einen Tag vor deinem Tod kehr um." Welcher Rabbi hatte das gesagt? - Egal. Er hatte jedenfalls recht. Wir gehen zu unachtsam mit dem Leben um. Als reichten nicht Minuten, um uns für immer von dem zu trennen, was uns lieb ist. Da - endlich - dreht sie sich um! Von der

Spitze des Hügels. Noch nie schienen soviele Schritte zwischen uns zu liegen. Aber sie kommt mir nicht einen davon entgegen ...

--- Wenn ich gewußt hätte, daß er noch so tief unten hängt! Zum Zurückgehen finde ich keine Kraft. Die schien gerade noch bis hier oben auszureichen. Und das auch nur, weil ich all meine Sinne auf dieses Ziel konzentriert habe. Zurück kann ich nicht mehr. Weil ich Angst habe, dann mit ihm unten zu bleiben. Nur wird er Wasser brauchen. - Und das ist bei mir ...

--- Als ich Hella nicht mehr vor mir davonlaufen sah, konnte ich ihr plötzlich wieder folgen. Und nun sind wir weiter auf unserem Schweigemarsch, den das fehlende Wasser uns abverlangt. Das Schlimmste ist wohl jetzt überstanden. Wenn meine Berechnungen stimmen, müßten wir bald um eine Ecke biegen und die Oase liegen sehen. Wenn alles planmäßig läuft, können wir morgen sogar noch Ein-el-Q'derat erreichen. Und die eisenzeitliche Festung besichtigen. Dann haben wir als einzige aus unserer Studiengruppe das Gebiet des biblischen Kadesch Barnea erforscht. Das einzige, von dem man heute sicher sagen kann, daß es die Wiege des alten Israel gesehen hat. Vielleicht sogar die Entstehung der "Zehn Gebote".

Das Außergewöhnliche hat mich schon immer gereizt. Etwas tun, das andere nicht tun können - oder wollen. Spüren, wieviel man aushalten kann ... Deshalb mußte es "Kadesch" sein. Weil ich noch von keinem gehört habe, der den Zugang auf diese Weise gesucht hätte. Wenn wir das schaffen, werden uns alle bewundern ...

--- Es ist dunkel, und Pit hat mich vor kurzem verlassen. Wenn die schmale Mondsichel gleich untergeht, wird es stockfinster sein. Wir haben die Quelle nicht gefunden. Doch Pit konnte es nicht aufgeben, danach zu suchen. Er mußte einfach weiter, kaum daß wir die Schlafsäcke ausgerollt hatten. - Um mich herum nietet die Stille ihr stickiges Zelt. Ein Vogelschrei als Echo auf mein Rufen. Nun weiß ich sicher, daß ich von allen Menschen verlassen bin ...

--- Der Gedanke an Wasser läßt mich nicht los. Er peitscht mich durch die Dunkelheit. Ich muß diese Quelle finden. Wie die Kundschafter, die einst Israel aussandte, will ich nur zurückkommen, wenn die Botschaft positiv ist. Wissen, es gibt kein Zurück. "Nur eine Viertelstunde", habe ich zu Hella gesagt. Nun weiß ich, daß die Suche ewig dauern kann. Weiter, weiter, nur immer weiter. Fast braucht die Suche den Grund nicht mehr. Auf der Suche nach Leben den Tod gefunden - das klingt so übel nicht. Das ist immer noch besser, als den Tod untätig erwarten. Sein Leben selbst in die Hand nehmen. Nicht erst warten, bis es zu spät ist ...

--- War es nicht Wahnsinn, überhaupt mitzugehen? - Zugegebenermaßen wäre ich mit Pit überall hingegangen. Schon um ihm zu beweisen, daß ich ihm auch hier ebenbürtig bin. Und um ihm zu zeigen, daß er sich auf mich verlassen kann.

Nun hat er mich verlassen ... das alte Spiel. Es wäre auch morgen früh noch Zeit gewesen, die Quelle zu suchen ...

--- Solange ich noch Kleider habe, die ich deponieren kann, solange kann ich weitermachen. Und Stück für Stück an markanten Punkten zurücklassen. So bin ich sicher, den Weg zu Hella zurückzufinden ...

--- Die Wüste erfahren, das war es vor allem, was ich wollte. Sie körperlich in mich aufnehmen, bis ich von ihr durchtränkt wäre ... So habe ich also gefunden, was ich wollte.

Ich könnte auch auf einer Insel sitzen. Unsere Schlafsäcke kann ich eher ertasten als sehen. Die Stille hat die Zeit verschluckt. Wenn Pit in eine Felsspalte gestürzt ist, werde ich ihn nie wiedersehen. Was dann aus mir wird, wage ich mir lieber erst auszumalen, wenn der Morgen anbricht. Vorläufig kann ich nur warten ...

--- Vor mir öffnet sich ein Tal. Ich halte mich in der Mitte. Der Boden unter meinen Füßen gibt plötzlich nach: Wo Moos ist, ist auch Wasser! Tatsächlich! Ich habe gefunden, was ich suchte. Jetzt erst mal den Körper abspritzen. Viel Wasser ist es ja nicht, was da in der Bodenfalte versickert. Aber es reicht, um den Kanister zu füllen. Ich kann es noch gar nicht fassen. Hella wird staunen! Und erst die anderen, wenn wir wieder zurückkommen ...

--- Ich muß wohl eingeschlafen sein. Zu meiner eigenen Überraschung. Dabei hätte ich sicher gewettet, in so einer Lage kein Auge schließen zu können. Und die Lage ist unverändert. Kein Pit weit und breit. Von Wasser ganz zu schweigen. Nur die Dunkelheit hat mich nicht verlassen. Doch jetzt läßt es mir keine Ruhe mehr. Es treibt mich auf den Weg, den Pit gegangen ist. Vielleicht ist er gar nicht weit von mir und kann sich nur nicht bemerkbar machen ...

--- Es kostete mich mehr Mühe, den Rückweg zu finden, als ich zunächst gedacht habe.

Seltsam nur, daß Hella sich kaum über das Wasser freut. Sie hat auch gar nichts davon getrunken. Das hat morgen auch noch Zeit, meint sie ... Am meisten scheint sie wohl zu freuen, daß ich wieder da bin. Sie ist ja auch hier mehr auf mich angewiesen als ich auf sie. Und ich bin natürlich auch froh, daß sie da ist. Eine Heldentat wird erst schön, wenn jemand da ist, dem man sie ausführlich erzählen kann ...

--- Pit fühlt sich als Held des Tages. Was er auch ganz unbestritten ist. Was er geleistet hat, kann ich nur bewundern. Ich selbst hätte mir so etwas allenfalls zugetraut, wenn die Not mich dazu gezwungen hätte. Für eine Frau sind die Härten der Wüste noch das geringere Übel. Wenn Beduinen mich hier alleine gefunden hätten ... Dann wäre der Tod durch Verdursten vielleicht nur in den Hintergrund getreten, um einer schlimmeren Qual Platz zu machen. Vielleicht ... Schon daran denken zu müssen, desavouiert eine ganze Menschengruppe. Vielleicht zu Unrecht. Aber eben leider nur vielleicht ...

--- Ich bin von einem ungeheuren Optimismus durchdrungen. Ich könnte Berge versetzten, ja habe ich es nicht schon getan? Mit weitausgreifenden Schritten laufen wir der Quelle zu. Ich erkenne die Punkte wieder, an denen ich vergangene Nacht meine Kleider gelassen habe, und Hella zeigt aufrichtige Bewunderung. Bei allem, was sie hier mitgemacht hat, das hätte sie mir doch niemals nachmachen können ...

--- Wenn wir zurückkommen, werden alle nur von Pit's großer Heldentat reden. Und er wird es sich nicht nehmen lassen, sie mit den farbigsten Worten zu untermalen.

Meine eigene Erfahrung nimmt sich dagegen bescheiden aus, kaum der Rede wert. So ein bißchen Warten ... Doch heißt Angst aushalten nicht auch schon Angst verwandeln? Und hat uns der Skorpion heute morgen in der Nähe unserer Schlafsäkke nicht daran erinnert, daß die wirklichen Gefahren nicht immer da drohen, wo wir sie suchen ...?

Briefe von Jenseits des Meeres

Haifa, den 17.9.1974

Liebe Isabel!

Haifa ist toll! Wenn Du nur sehen könntest, wie schön es hier ist! Eine richtig moderne Großstadt, auf deren Hügeln es aber grünt und in allen Farben blüht - fast so wie in den Tropen. Und beinahe auch genauso heiß und feucht. Von meinem Zimmer aus kann ich direkt auf's Meer sehen. Da ist der Bodensee nur ein trüber Tümpel dagegen, das kannst du mir glauben.

Schon einen Tag nach unserer Ankunft sind wir zum Schwimmen ans Meer gefahren. Wir Kinder wollten unbedingt hin, darin waren wir uns ausnahmsweise einmal einig, während unsere Eltern natürlich darauf bestanden, daß zuerst alles ausgepackt und eingeräumt werden müßte. Typisch! Die können uns nie unseren Spaß lassen. Da kommen wir nagelneu in ein Land, das von Leben nur so strotzt, und alles, was den verehrten Eltern einfällt, ist "Sachen aufräumen"! Um des lieben Friedens willen haben wir als die Klügeren natürlich nachgegeben und in Windeseile ein paar Kisten ausgepackt. Das ergab sich schon zwangsläufig, weil wir nämlich unser Badezeug suchen mußten. Als wir es dann endlich aufgestöbert hatten, gab's kein Halten mehr. Großvater wurde von uns beschlagnahmt, und weil er sich so sehr freut, seine vier Enkel nun für längere Zeit um sich zu haben, konnte er unserem Drängen nicht widerstehen. Als sie sahen, daß es uns ernst war, fanden auch unsere Eltern die Idee plötzlich gar nicht mehr so übel, und wir fuhren alle zusammen unter Großvaters Anleitung zum Strand. Nach den staubigen Kisten war es eine Wohltat, sich von den Meereswellen überfluten zu lassen. Nachher sahen wir allerdings ganz schwarzgesprenkelt aus. Im Wasser schwimmen nämlich kleine Teerbrocken, die sich am Boden und auf der Haut festsetzen und unangenehm klebrig sind. Großvater meint, das käme von den vielen Frachtern, die täglich Haifa anlaufen, und versprach, bei nächster Gelegenheit mit uns zu einer Bucht weiter nördlich zu fahren, wo das Wasser noch sauberer ist.

Unser neues Haus ist auch eine Wucht. Eine richtige alte Villa, und sehr, sehr nobel eingerichtet, mit vielen kostbaren Orientteppichen, antiken Kupfer- und Silbergeräten und Bücherregalen, die bis zur Decke reichen. Auch ein Flügel steht im Wohnzimmer, und Mutter mußte ihn gleich ausprobieren. Das ist bei ihr wie bei uns mit dem Schwimmen. Dafür läßt sie alles stehen und liegen. Du weißt ja, sie wäre gern Konzertpianistin geworden. Statt dessen hat sie Vater geheiratet und vier Kinder in die Welt gesetzt. Manchmal trauert sie ihrem Traumberuf wohl noch nach, auch wenn sie sich lieber die Zunge abbeißen würde, als das zuzugeben. Und ich habe ihr Talent geerbt, sagt sie. Das einzige offensichtlich, worin wir uns gleichen, denn ich will später nicht heiraten und auch keine Kinder haben. Die jüdischen Mädchen hier sind viel freier. Zumindest wirken sie alle sehr selbstbewußt und werden sich sicher nicht mehr vor den ersten besten Kinderwagen spannen lassen.

Vater hat seine Stelle im Innenministerium schon zwei Tage nach unserer Ankunft angetreten und Mutter zwischen unseren Kisten alleingelassen. Wir Kinder mußten ja in die Schule. Das heißt, zuerst besuchen wir jetzt alle einen Ulpan, also eine Schule, in der wir modernes Hebräisch lernen können. Du weißt zwar, daß ich schon einiges vorgelernt habe, aber zu einer richtigen Unterhaltung reicht's noch nicht, das habe ich schnell gemerkt. Also traben wir jetzt jeden Morgen und sogar nachmittags in den Ulpan, wo noch viele andere

Einwanderer sitzen und büffeln wie wir. Die meisten "Schüler" sind schon erwachsen. Deshalb ist es nicht sehr lustig. Ich freue mich schon darauf, endlich in eine richtige Schule zu kommen, doch das wird noch ein paar Wochen dauern. Mutter besucht natürlich keinen Ulpan. Wer sollte auch sonst für uns alle zusammen kochen und aufräumen? Oh, Isabel, wenn wir heiraten, meinst Du, daß wir dann auch so werden müssen? Lieber würde ich mich vorher erschießen!

In die Synagoge kriegen mich auch keine zehn Kamele mehr. Heute früh mußten wir alle zusammen hin. Weil doch heute "Rosh Hashanah" ist, unser jüdisches Neujahrsfest. Da fühlte sich Vater wohl verpflichtet, seine Familie in die Synagoge zu scheuchen, damit wir für unser neues Leben im Land unserer Wünsche gleich den richtigen Segen mitkriegen. Aber hat sich was mit "Segen". Entweder sind die Synagogen hier noch nicht so weit wie in Deutschland, oder Großvater hat sich eine besonders konservative herausgesucht. Jedenfalls fanden wir Männer und Frauen hier plötzlich strikt getrennt. Und zwar so, daß eine richtige Mauer dazwischen war, und wir in zwei ganz verschiedenen Räumen saßen. Um vom Gottesdienst etwas mitzuerleben, der natürlich nur auf der Männerseite abgehalten wurde, drängten sich alle an die schmalen Ritze in der Trennwand, vor allem, als dann das Schofarhorn geblasen wurde. Ich fand das alles nur abstoßend, und Mutter, glaube ich, auch. Sie versuchte, trotzdem zu beten, während Dinah zappelig wurde und nach draußen wollte. Ich kümmerte mich ausnahmsweise einmal freiwillig um sie und lief ihr sofort nach. Sie ist ja auch erst sechs! Der einzige, der's aufregend fand, war Rafi. Er hatte noch nie ein Schofarhorn gesehen und war hin und weg. Jetzt will er natürlich auch eines haben. Der Himmel sei uns gnädig! Hoffentlich besorgt Großvater ihm nicht noch so ein quäkendes Ding. Mein kleiner Bruder schlägt auch so schon genug Krach. Und Dinah, ehrlich gesagt, auch. Keine zwei Minuten können diese beiden Zwerge ruhig sein. David und ich waren früher angeblich auch so. Kann ich mir heute gar nicht mehr vorstellen. David vielleicht eher. Der blüht ja schon auf beim Gedanken ans Militär. Da er im Sommer Abitur gemacht hat, wird er nach dem Ulpan gleich eingezogen. Er freut sich schon diebisch darauf. Dann wird er diesen Arabern zeigen, was eine Harke ist, brüstet er sich, obwohl er noch gar keinen lebendig vor sich gesehen hat. Hier in Haifa ist ja alles mehr oder weniger in jüdischen Händen, und vom übrigen Land haben wir noch nicht allzu viel gesehen. Zuerst einmal müssen wir uns schließlich in Haifa eingewöhnen, und das ist schon schwer genug. Im nächsten Brief kann ich Dir sicher mehr erzählen.

Und dann, leg schon mal ein Sparschwein an für die Reise nach Israel! Im nächsten Sommer mußt Du mich unbedingt besuchen kommen!! Du glaubst gar nicht, wie mir eine richtige Freundin hier fehlt!

Also tschüß und schalom!

Deine Rebekka

Haifa, den 4.10.1974

Liebe Isabel!

Prima, daß Du so schnell geantwortet hast. Du bist eben doch eine treue Seele! Wirklich, wenn Du hier wärst, was könnten wir nicht alles unternehmen? Als Du vom neuen Schuljahr in Konstanz erzähltest, bin ich wider Erwarten doch ein bißchen traurig geworden, obwohl wir jetzt in Haifa viel luxuriöser leben als "zu Hause" (wenn ich "zu Hause" sage, denke ich immer noch "Konstanz", obwohl mein Zuhause doch eigentlich jetzt hier ist). Für Euch geht das Leben so gleichmäßig weiter, und für mich hat sich die Welt gedreht.

Wenn Du von Regen und kühlem Wetter schreibst, höre ich allerdings schlagartig auf, Dich zu beneiden. Hier ist es selbst Anfang Oktober noch so heiß, daß mir der Arm am Pult festklebt, während ich Dir diesen Brief schreibe. Vor kurzem erst haben wir unseren ersten Chamsin überstanden. Das ist dieser heiße, sandige Wind aus dem Osten, der dir jeden, aber wirklich jeden Atem verschlagen kann. Am besten, du ernährst dich an solchen Tagen von Eiskrem und bewegst dich nicht von der Stelle. Glücklicherweise bekommen wir bei Chamsin immer schulfrei. Überhaupt geht's mir dank der vielen jüdischen Feiertage im Augenblick ganz gut. Den "Jom Kippur" haben wir schon hinter uns, und beim Laubhüttenfest sind wir mittendrin.

Vom Jom Kippur halte ich ja nicht so viel. Der ist mir zu düster. Nur Fasten und Beten und sich ansonsten bei Lebensgefahr nicht aus dem Haus bewegen dürfen - außer zur Synagoge, versteht sich - ist nicht meine Sache. Und das mit der Lebensgefahr kannst Du ruhig wörtlich nehmen. Kein Auto darf dann auf der Straße fahren, und wenn doch, dann läufst Du Gefahr daß Dich ein paar Fanatiker steinigen. Sogar die Erste-Hilfe-Wagen haben Schwierigkeiten. In der Zeitung stand, daß die orthodoxen Juden in Jerusalem so einen Wagen angehalten und mit Steinen bombardiert haben. Der Kranke, der darin lag, war dann bei Ankunft im Hospital tot.

Da ist mir "Sukkot" dreimal lieber. Das ist wenigstens ein fröhliches und ausgelassenes Fest. Zur Erinnerung an den Auszug aus Ägypten werden vor den Häusern oder auf Balkonen provisorische Hütten errichtet, mit Dächern aus Palmblättern, die so viel Licht durchlassen, daß man nachts die Sterne hindurchscheinen sieht. In Konstanz haben wir das natürlich nie gemacht, weil wir nicht auffallen wollten. Aber hier, im eigenen Land, gehört es einfach dazu. Den meisten Spaß hatten Rafi und Dinah, die die Hütte für alle möglichen Spiele zweckentfremden wollten, allerdings bei ihrem Aufbau auch kräftig mitgeholfen haben. Die Palmwedel gab's zu kaufen, wie bei uns zu Weihnachten die Tannenbäume (schon wieder habe ich "bei uns" gesagt), nur daß sie handlicher zu transportieren sind.

Vater wollte uns eine besondere Freude machen und ist mit uns am ersten Festtag nach Jerusalem hinaufgefahren. Dort wohnen Freunde von ihm, die schon früher nach Israel ausgewandert sind und uns königlich bewirtet haben.

Weil wir im Dunkeln ankamen, konnten wir von der Stadt zuerst wenig erkennen. Am nächsten Morgen dann allerdings um so mehr: Der obligatorische Gang zur Klagemauer! Ich muß sagen, es war schon beeindruckend, eine solche Menge von Juden auf einem Fleck zu sehen. Der weiträumige Platz vor der Mauer war dunkel von Menschen, die sich dicht an dicht drängten, die Thorah-Rollen hochhielten, Gebetsriehmen an Stirn und Händen trugen und mit prächtigen Gebetsschals ihre Köpfe bedeckten. Manche klatschten, sangen oder hüpften sogar vor Freude. Natürlich nur auf der Männerseite. Bei den Frauen war, wie üblich, Funkstille. Wir drängten uns trotzdem vor bis ganz nach vorne, um wenigstens einmal die berühmte Mauer mit den Händen berührt zu haben.

"Eigentlich haben die Juden doch jetzt gar keinen Grund zur Klage", fiel mir ein. "Wo sie doch am Ziel ihrer Wünsche angelangt sind." Aber Vater war anderer Meinung: "Die Juden werden noch solange zur Klagemauer pilgern, bis sie ihren Tempel wiederhaben", belehrte er mich. Nun, wenn es danach geht, dann müssen wir wohl noch bis zum Jüngsten Gericht warten, denn auf dem früheren jüdischen Tempelplatz steht heute der moslemische Felsendom, den die Araber den Juden zuliebe sicher nicht abreißen werden. Leider habe ich dieses prächtige Gebäude nur auf einer Postkarte bewundern können, denn für Juden ist es bei Strafe verboten, den Platz zu betreten. Weil sie sonst versehentlich ins Allerheiligste einbrechen könnten, zu dem früher nur der Hohepriester Zugang hatte, und das auch nur am Jom Kippur. Trotzdem würde ich den Felsendom für mein Leben gern sehen. Auf den Postkarten sieht er prächtig aus. Wenn Du kommst, mußt Du mal für mich 'reingehen, damit mir endlich jemand schildern kann, wie er von innen aussieht.

An den Eingängen zum Platz vor der Klagemauer waren natürlich wieder die üblichen Kontrollposten plaziert. Handtasche auf, Handtasche zu; es ist allmählich wie Händewaschen. Da es täglich und überall passiert, im Kaufhaus, in der

Bank, im Theater ..., denkst du dir schon nichts mehr dabei. Es ist ja schließlich zu unserem Schutz.

Zum ersten Mal haben wir in der Jerusalemer Altstadt mit richtigen Palästinensern zu tun gehabt. Und ich muß gestehen, mir ist das Herz schon ein Stockwerk tiefer gerutscht. Sie sehen so fremd aus - und doch auch wieder nicht. Wenn Du viele von unseren "Sabras", den in Israel geborenen Juden, in die gleiche Kleidung stecken würdest, sähen sie sich vielleicht sogar ähnlich.

In der Altstadt war es unwahrscheinlich eng, aber man hörte nur hebräische Laute. Halb Israel schien seinen Festtagsausflug hierher verlegt zu haben, und so wälzten wir uns im Millimeterschritt-Tempo durch die Gassen. Die waren manchmal so düster, daß unsere beiden Kleinen in Panik ausbrachen. Sie klammerten sich an unsere Eltern, weil sie Angst hatten, im nächsten Augenblick entführt zu werden. Ich dachte, als wir zum Jaffa-Tor hineindrängten, an die Bombe, die hier erst vor kurzem zum Jahrestag des Jom-Kippur-Krieges explodiert war. Nur gut, daß überall so viele Soldaten mit Maschinengewehren auf Posten standen. Das gab uns wenigstens ein winziges Gefühl von Sicherheit. Ein paar Monate weiter - und wir könnten vielleicht schon David hier Wache schieben sehen. Nicht schwer, sich vorzustellen, daß er auch daran dachte. Ob aber mit Zuversicht oder mit Grauen, das hatte ich keine Zeit, mir auszumalen.

Vater schien genau zu wissen, wo er hin mußte. Ich wußte es bald nicht mehr. Einmal nicht aufgepaßt, und die Köpfe meiner Familie waren außer Sichtweite. Ich unterdrückte aufwallende Ängste und ließ mich weitertreiben. Irgendwo mußte ich meine Leute ja wiedertreffen, denn weit konnten sie nicht sein. Von der Altstadt habe ich dadurch aber nicht mehr viel gesehen. Sie war mir ohnehin unheimlich. Ich hielt nur noch Ausschau nach meinen Eltern. Von den Händlern dagegen fühlte ich mich regelrecht bedroht. Einer packte mich am Arm: "Come in, special price for you", lachte er mich an, aber ich dachte, er wollte mich nur anlocken, um mich später in die

Sklaverei oder in irgendeinen Harem zu verkaufen. Es schien ihm Spaß zu machen, mich zu reizen, denn er lachte sich halbtot, als ich mich zur Wehr setzte. Wenn nicht so viele Juden in der Nähe gewesen wären, hätte er mich sicher abgeschleppt. So aber traute er sich wohl nicht, und das war mein Glück. Meine Eltern hatten mir eingeschärft, mich ja nie ohne männlichen Schutz in arabische Gebiete zu begeben. Und hier hing ich nun mittendrin und kämpfte um mein Leben!

Du wirst Dich wahrscheinlich fragen, warum ich mich nicht an eine der zahlreichen jüdischen Familien gewendet habe, die um mich herum waren. Aber ob Du es glaubst oder nicht, die Angst hatte mir sämtliche Sprachen auf einmal verschlagen. Am ehesten von allen Fremdsprachen ging es noch mit Englisch, doch als ich endlich Leute, die ich für Jüdisch hielt, damit anzusprechen wagte, reagierten sie so verständnislos, daß ich gleich aufgab. Ich wäre noch weiter so dahingetrieben, wenn mich nicht plötzlich eine freundliche alte Frau am Arm gepackt, unverständliche Laute auf mich eingeredet und mich auf einen Hocker am Gassenrand gedrückt hätte, auf dem ich erst mal wie versteinert sitzenblieb. Das erste, was sie mir in die Hand drückte, war ein Glas Saft, das ich aber nicht zu trinken wagte, weil ich Angst hatte, sie könnte mich damit vergiften wollen. Als nächstes versuchte sie es mit einem Zweig Trauben, und da konnte ich einfach nicht widerstehen, denn mir war die Zunge bereits im Gaumen verdorrt. Genau betrachtet, sah die Alte freundlich und schrecklich zugleich aus. Sie trug bläuliche Tätowierungen im faltigen Gesicht, ein langes weißes Tuch über dem Kopf, und wenn sie lachte, ließ sie alle ihre Zahnlücken frei. Seltsamerweise schien es sie gar nicht zu stören, daß ich meine Sprache verloren hatte, sondern sie redete einfach immer weiter auf mich ein, bis ich endlich Mut faßte und ein paar englische Laute von mir gab. Da rief sie einen jüngeren Mann herbei, dem ich endlich alles erklären konnte. Der wiederum beauftragte einen kleinen Jungen, mich zum Jaffa-Tor zurückzubringen. Erst als ich aufstand, bemerkte ich, daß ich vor einer schmuddeligen Bude gesessen hatte, an deren Theke man die köstlichsten Säfte aus Orangen, Pampelmusen, Äpfel und sogar Möhren frisch herstellte. Da bereute ich, daß ich das Glas nicht doch angenommen hatte. Der Kleine ging ziemlich zielstrebig voran, und ich folgte ihm, im Herzen immer noch zitternd vor Mißtrauen, durch die verwinkeltsten Gassen. Als er mich wieder zurück auf den Davids-Suk gebracht hatte, wies er mir die Richtung zum Jaffa-Tor und verschwand in der Menge. Ich stolperte vorwärts und erblickte schon im selben Augenblick, als das Ungeheuer Altstadt mich wieder aus seinem Rachen spuckte, meine Eltern, die mit sorgenvoller Miene auf einen der Soldaten einredeten.

So endete mein erstes Abenteuer in der Altstadt von Jerusalem. Die jüdische Neustadt ist viel moderner. Breite Geschäftsstraßen, viel Lärm und viel Verkehr. Aber schöne, helle Häuser, alles offen und weitläufig.

"Ja", meinte Vater auf der Heimfahrt, "ihr müßt euch daran gewöhnen, daß die Araber in allem viel, viel primitiver sind als wir." Wir fanden seine Rede bestätigt, als wir auf der Rückfahrt nach Haifa unterwegs die Bauern mit Ochsenpflügen ihre Felder bearbeiten und mit Eselskarren über die Straßen holpern sahen. Daß wir ausgerechnet noch in Jerusalem wegen einer die Straße kreuzenden Schafherde bremsen mußten, setzte dem Faß die Krone auf. Stell Dir das mal in München vor - oder in Berlin! Vater hupte wütend, aber unsere Kleinen waren begeistert. David lächelte verächtlich, und ich fühlte mich im ganzen hin- und hergerissen. Es ist wie mit der Alten vor dem Saftladen: Einerseits bin ich fasziniert, und andererseits fühle ich mich abgestoßen. Auf jeden Fall aber ist mir diese Welt abgrundtief fremd.

Und morgen früh werde ich sicher den Ulpan verschlafen, wenn ich nicht augenblicklich mit Schreiben aufhöre.

Mach's gut und schreib bald wieder!

Deine Rebekka

Haifa, den 11.11.1974

Liebe Isabel!

Deine mitfühlenden Worte zu meinem Jerusalem-Abenteuer waren Balsam für meine verspottete Seele. Du kannst Dir vorstellen, wie sehr mich meine Geschwister mit diesem Mißgeschick heute noch aufziehen. Aber Du hast sicher recht: Wenn wir Juden nicht so mißtrauisch wären und hinter jeder Ecke den Feind im Anschlag sähen, hätte ich viel mehr aus meiner ersten Jerusalem-Begegnung machen können. Wer sagt denn auch, daß es alle Araber gleich darauf abgesehen haben, uns nach dem Leben zu trachten? Und Du hast recht: Woher hätten sie auch nur wissen sollen, daß ich Israelin bin? In Konstanz haben mich ja auch alle für eine Deutsche gehalten, und, wenn ich ganz aufrichtig sein soll, im Grunde meines Herzens fühle ich mich noch immer als Deutsche. Als mich ein Araber in der Altstadt damals gefragt hat, ob ich "jewish" sei, habe ich spontan geantwortet: "No, German", und erst nachher überlegt, was mir da herausgerutscht war. Und Du wirst lachen, sogar Großvater ergeht es noch immer genauso. In seinem Zimmer sieht es aus wie in einem kleinen Museum: Bilder von Andernach an den Wänden, Pokale von Andernach auf den Kommoden und Bildbände von Andernach im Regal ... Wovon spricht er, wenn er gerade mal nicht von seinem Geschäft redet? - Von Andernach! Ausgerechnet Andernach! Kannst Du mir mal erzählen, was an diesem Kaff so Besonderes sein soll? Wenn es wenigstens noch Köln wäre oder Koblenz. Da gibt's wenigstens noch was zu sehen, aber in Andernach ist doch nichts los. Da ist Haifa und überhaupt ganz Israel zehnmal so aufregend. Man sollte nicht glauben, daß Großvater schon 35 Jahre im Land ist. In seinem Geist jedenfalls existiert nur Andernach - und sein Geschäft - und am Schabbat die Synagoge.

Überhaupt, dazu fällt mir noch etwas ganz Makaberes ein: Vater ist gleich bei seinem Amtseintritt eine arabische Sekretärin und Dolmetscherin zugeteilt worden. Das hat ihm zwar nicht gepaßt, aber sie war die einzige unter den Bewerberinnen, die fließend Arabisch, Englisch, Französisch und Ivrith und - halt' Dich fest - sogar Deutsch kann. Damit kennt sie mehr Sprachen als mein Vater, was bei dem Völkergemisch, mit dem sie im Innenministerium zu tun haben, natürlich von unschätzbarem Vorteil ist. Am Ende einer Dienstreise hat er Frau Andalib einmal eingeladen, bei uns zum Essen zu bleiben. Sie ließ sich durch's Haus führen und zeigte sich sichtlich beeindruckt.

Schließlich bat sie, auf unserem Flügel im Wohnzimmer ein paar Takte spielen zu dürfen, was wir natürlich gerne zuließen. Und was dann kam, kann ich eigentlich gar nicht mehr beschreiben. Als sie aufsah, hatte sie Tränen in den Augen. Mitfühlend, wie sie ist, erkundigte sich Mutter gleich nach dem Grund. Und was glaubst Du, was wir zu hören bekamen? "In diesem Haus habe ich meine Kindheit verbracht", sagte Frau Andalib. "Die Bücher, die Sie hier in den Regalen sehen, haben meinen Eltern gehört und an dem Flügel habe ich meine ersten Klavierstunden genommen. 1948 haben meine Eltern das Haus verlassen und sind in den Libanon geflohen. Sie mußten alles zurücklassen. Meine Geschwister und ich waren damals im Internat. Wir haben unsere Eltern nie wiedergesehen."

Wir standen wie vom Donner gerührt. Am ehesten fand noch Frau Andalib selber zu ihrer Sprache zurück. Sie entschuldigte sich bei uns für ihr Verhalten, aber sie wäre nicht darauf gefaßt gewesen, ausgerechnet im Hause ihrer Vorgesetzten ihrer eigenen Vergangenheit wiederzubegegnen. Dann verabschiedete sie sich schleunigst, um uns nicht weiter zur Last zu fallen. Mutter geleitete sie zur Tür und umarmte sie stumm. Ich bewunderte sie für diese Geistesgegenwart, denn wir anderen standen nur dumm herum und ließen plump die Schultern hängen.

Beim Essen hatte niemand mehr Appetit. Nicht nur Frau Andalib war heute ihrer Vergangenheit begegnet. Alle Blicke richteten sich auf Großvater. Nun ja, das Haus habe man ihm und seiner Familie damals zugeteilt. Unser Vater müsse sich ja noch erinnern können. Daß es möbliert war, hatte er hingenommen.

"Wir hatten ja auch alles verloren, als wir aus Deutschland kamen", schloß er bitter. Damals hätten sie das alles noch für eine Übergangsregelung gehalten, bis die Regierung neue Häuser für sie gebaut hätte. Später hätten sie dann nicht mehr danach gefragt. "Und wenn schon", schaltete sich David in diesem Moment in die Debatte ein: "Sollen wir uns dafür etwa noch rechtfertigen? Warum sind sie auch damals weggelaufen? Hätten sie ihre Häuser verteidigt, könnten sie heute noch darin leben. Wir haben nur genommen, was sie aufgegeben hatten. Hätten unsere Leute die Häuser etwa leerstehen lassen sollen?" warf er trotzig in die Runde.

Ja, Isabel, warum sind sie damals nur weggelaufen?

Für heute genug

Deine Rebekka

Haifa, den 15.12.1974

Liebe Isabel!

Du Neunmalkluge hast natürlich wieder einmal unsterblich recht. Die Araber werden weggelaufen sein, weil sie sich nicht wehren konnten. Warum kommt man auf die einfachsten Antworten nur immer zuallerletzt? Und warum konnten sie sich nicht verteidigen? Wohl, weil sie keine Waffen hatten, - oder vielleicht nicht die richtigen? Aber warum haben unsere Leute sie angegriffen? Angeblich, weil sie sich wie Wilde benahmen. Daß sie in so hochansehnlichen Häusern saßen, wo Maupassant, Voltaire, Dickens und selbst jüdische Schriftsteller lasen, davon hat uns niemand erzählt.

Unsere Zeit im Ulpan nähert sich langsam ihrem Ende. Nach Weihnachten werde ich wohl eingeschult. Rafi und Dinah gehen bereits seit zwei Wochen in die Grundschule. Sie kommen ja mit weniger Vokabeln aus als ich, und manchmal denke ich, sie machen durch ihre Kontakte mit den Klassenkameraden sogar schnellere Fortschritte als ich. Auf jeden Fall benehmen sie sich schon beinahe wie richtige Sabras. Ich bin gespannt, wie es mir ergehen wird. Ein bißchen Herzklopfen habe ich schon!

"Weihnachten" - wie Du siehst, lebe ich immer noch nach der alten Zeiteinteilung. Eigentlich hätte ich richtiger "nach Chanukkah" schreiben sollen, aber ich träume eben immer noch vom Weihnachtsmann ... Ansonsten "weihnachtet" es hier gar nicht. Die Thermometer zeigen 25°C, Tropfen fallen allenfalls in Form von Regen und nicht von Schnee, es gibt keine Lebkuchen und keine Marzipankartoffeln, und am meisten werde ich unseren Weihnachtsbaum vermissen. Dafür werden wir nun bald die Chanukkah-Leuchter ins Fenster stellen, aber das ist nur ein schnöder Ersatz.

Warum es mir so schwerfällt, mich als Israelin zu fühlen? - Ich glaube, es hat mit der Gewalt in diesem Land zu tun. In den Warteschlangen am Bus rempelt man sich rücksichtslos vor, wenn du beim Einkaufen an der Reihe bist, rufen andere einfach von hinten ihre Wünsche vor, so daß du ewig warten kannst, bis du schließlich selbst losbrüllst. Wobei Leute, die kein Ivrith können, total ins Hintertreffen geraten. Neulich habe ich sogar etwas ganz Schreckliches gesehen. An einer Imbißbude wurde ein Mann mit der Faust ins Gesicht geschlagen, nur weil er seine rechtmäßig bestellte Felafel mitnehmen wollte, die ein anderer, der noch gar nicht an der Reihe war, sich grabschen wollte. Der Mann ging zu Boden, und der andere zog seelenruhig mit seiner Beute davon, ohne daß ihn jemand aufgehalten hätte. Dem Mann der zu Boden gegangen war, offensichtlich ein Tourist, hat aber auch niemand aufgeholfen, obwohl ihm das Blut übers Gesicht lief. Ich war, ehrlich gesagt, so verschreckt, daß ich mich auch nicht getraut habe hinzugehen. Nur die Bilder sind mir noch lange nachgegangen!

David ist nun beim Militär. Es macht ihm anscheinend Spaß. Nur das Uniformtragen bei dieser ständigen Hitze behagt ihm nicht. Ansonsten bist du hier sowieso beständig von Soldaten umgeben. Das ist ganz anders als in Deutschland. Ganz Israel befindet sich anscheinend im Dauermanöver. Im Bus kann es passieren, daß du plötzlich ein Gewehr zwischen den Füßen hast, weil der dazugehörige Soldat eingenickt ist. Kein sehr angenehmes Gefühl, aber David meint, sie werden so oft hin und her geschickt, daß sie froh sind um jede Minute, die sie ausruhen können. Frauen in Uniform sind auch kein aparter Anblick, finde ich. Vater behauptet, sie werden hauptsächlich in Kindergärten oder in der Verwaltung eingesetzt. Hoffentlich behält er recht. Ich will nicht mit der Waffe kämpfen. Auch wenn ich überzeugt bin, daß wir uns schützen müssen.

Es umarmt Dich
Deine Rebekka

Haifa, den 8.4.1975

Liebe Isabel!

Wie doch die Zeit dahinfliegt! Jetzt haben wir schon Pesach vorbei, und so langsam klettern die Temperaturen wieder an 35-40°C.

Ich kann mir vorstellen, daß Du Dir Sorgen machst, wenn Du in den deutschen Zeitungen immer wieder von Bombenexplosionen in Cafés, Kinos, Bussen etc. liest. Aber glaube mir, wenn Du erst hier lebst, merkst Du gar nichts mehr davon. Sicher, auch wir erfahren von den Attentaten, wenn wir unsere Tageszeitungen aufschlagen oder die Nachrichten einschalten, doch es gleitet an uns ab wie Seifenlauge. Man kann sich nicht immer damit beschäftigen. Das einzige, was dadurch geschärft wird, sind Wachsamkeit und Mißtrauen. Wenn du in einen Bus einsteigst, siehst du erst mal nach, ob nicht zufällig ein besitzerloses Paket unter einem Sitz liegengeblieben ist. Oder wenn in einer öffentlichen Einrichtung, Schule, Kaufhaus, Bank usw. lange Zeit eine Tasche stehenbleibt, die niemand abzuholen scheint, dann rufen die zuständigen Leute vorsichtshalber nach Polizei und Bombenentschärfungsdienst. Neulich ist es vorgekommen, daß man eine Hauptverkehrsstraße gesperrt hat, nur weil dort eine Tüte herumlag, die jemand achtlos zu Boden geworfen hatte. Als der Sicherheitsdienst endlich anrückte, entdeckte er nur Abfall!

Und das muß man nämlich gleich dazu sagen: Unsere Landsleute sind nicht sehr ordnungsliebend und verstreuen ihre Abfälle manchmal recht sorglos in die Gegend. Angeblich sind ja nur die Araber so verdreckt, aber das stimmt ganz und gar nicht. Wenn du unsere Straßen mit denen in deutschen Städten vergleichst, dann fällt dir der Unterschied sofort auf. Auch auf dem Ausflug mußten uns die Lehrer mehrmals einschärfen, daß wir unsere Abfälle nicht achtlos beiseite werfen dürften.

A propos Ausflug - von dem weißt Du ja noch gar nichts. Wir waren nämlich in Massada, falls Dir das etwas sagt! Für uns Juden bedeutet dieser Ort so etwas wie ein Nationalheiligtum. Wie ich Dir im vorigen Brief ankündigte, bin ich kurz nach Chanukkah eingeschult worden. Zu meiner großen Überraschung war ich nicht der einzige Fremdling in meiner neuen Klasse, sondern insgesamt besteht sie zu gut einem Viertel aus Neueinwanderern. Und für diese alle ist Massada natürlich ein absolutes Muß.

In den Pesach-Ferien ging's los. Schon das Tote Meer für sich war ein Erlebnis! Natürlich wollten wir gleich zum Baden. Aber vorher mußten wir noch das alte Jericho besichtigen. Schließlich war das ja ein Schulausflug und nicht einfach nur Freizeit. Doch der "Tel", wie man das hier nennt, war glatte Zeitverschwendung. Wenn das Archäologie sein soll, dann ist das nichts für mich. Und ähnlich erging es mir auch in Qumran.

Die berühmten Schriftrollen stellen sie inzwischen in Jerusalem aus (haben wir auch alles schon besichtigt), und was an Ort und Stelle zurückgeblieben ist, reicht nicht aus, um meine Phantasie zu beflügeln. Sind halt lauter alte Mauerreste. Ich habe unseren Lehrer reden lassen und mich in den nächstbesten Schatten verdrückt. Denn eins muß ich sagen: Von Hitze kannst Du erst reden, wenn Du mal hier unten gewesen bist! Fast 400 m unter dem Meeresspiegel. Mir ist jetzt ohne weiteres verständlich, warum Lots Weib sich in eine Salzsäule verwandelt hatte. War wahrscheinlich die einzige Möglichkeit, diesen mörderischen Glutkessel zu ertragen. Und dabei war es doch erst März! Wie muß es erst im Sommer sein!? Und das Wasser des Toten Meeres ist sicher das einzige Wasser der Welt, das Abkühlung erst glitzernd verspricht und dir nachher wie Feuer auf der Haut brennt. Wenn du dich nicht rechtzeitig unter der Süßwasserdusche abspritzt, bleibt wirklich eine Salzkruste zurück. Trotzdem macht's Spaß, im Wasser zu paddeln, weil du einfach nicht untergehen kannst.

Ich merke schon, ich komme vom Thema ab. Eigentlich wollte ich doch von Massada erzählen. Also, Massada ist eine Festung, die auf einem monumentalen Felsen in nächster Nähe zum Toten Meer errichtet wurde und die man lange Zeit für uneinnehmbar hielt. Deshalb haben sich die jüdischen Freiheitskämpfer im Krieg gegen die Römer hier verschanzt. Jerusalem ist schon 70 n. Chr. von den Römern eingenommen worden, aber Massada konnten sie erst drei Jahre später stürmen. Und als sie es dann endlich erobert hatten - das ist nämlich das Entscheidende -, konnten sie keine rechte Freude mehr daran finden, denn die Juden, die da oben bis zuletzt ausgehalten hatten, hatten sich lieber selber umgebracht, als sich vom Feind erledigen zu lassen. Auf der Höhe des Felsens lasen wir die Beschreibung des Endkampfs nach Flavius Josephus, und ich muß sagen, niemand konnte seine Tränen zurückhalten. "Nie wieder Massada" lautet deshalb die Parole des Volkes. Nie wieder wollen wir uns so in die Enge treiben lassen, daß uns nur noch der Selbstmord übrigbleibt. Deshalb brauchen wir unser eigenes Land, wo man uns ungestört innerhalb unserer eigenen Grenzen leben läßt. Da oben, mit Blick auf's Tote Meer, war ich überzeugt wie nie, und ich hätte jedem Palästinenser, der mir in die Quere gekommen wäre, ohne mit der Wimper zu zucken, mein Taschenmesser zwischen die Rippen gesteckt, mit dem ich vorher noch Orangen geschält hatte.

David hat auf Massada seinen Eid geleistet. Er steht augenblicklich bei den Straßensperren auf Posten. Auf der Strecke zwischen Haifa und Massada gab es gut ein halbes Dutzend davon. Natürlich nicht für uns, das versteht sich von selbst. Aber die Palästinenser werden auf diese Weise einer ständigen Kontrolle unterworfen. Erstaunlich, daß sie es trotzdem immer noch schaffen, ihren Sprengstoff zu schmuggeln. Ihr Wille, uns wieder aus dem Land zu vertreiben, ist wohl sehr stark.

"Nur wird es ihnen nicht gelingen", trumpfte David auf, als er kürzlich auf Stippvisite zu Hause war. Nachdem er ein bißchen Einblick gewonnen hat, brüstet er sich mit der Stärke der israelischen Armee, als hätte er sie selbst gegründet.

"Wir können jeden schlagen, und mit den Palästinensern werden wir locker fertig", verkündete er letztens überheblich.

"Wenn's darauf ankommt, sind die doch nur feige!"

"Das hat aber im Jom-Kippur-Krieg gar nicht so ausgesehen", wagte ich daraufhin schüchtern einzuwerfen, schon allein weil mir sein wichtigtuerisches Gehabe auf die Nerven ging. Plötzlich hatte ich die ganze Familie gegen mich, nur weil ich ein bißchen gerecht sein wollte!

Laß Dich aber durch all diese Widrigkeiten nicht davon abhalten, in den Sommerferien zu kommen. Und hoffentlich sind Deine Eltern nicht zu sehr dagegen!!

Alles Gute,
Deine Rebekka

Haifa, den 25.8.75

Liebe Isabel!

Heute ist es auf den Tag genau ein Jahr her, daß unser Schiff in den Hafen von Haifa eingelaufen ist. Und schade, daß Du den Sommer doch nicht mit uns hier verbringen konntest! Es war gemein von Deinen Eltern, daß sie uns diesen Spaß versalzen haben. Na, dann vielleicht im nächsten Jahr. Obwohl ich beinahe darum wetten möchte, daß es in einem Jahr politisch hier nicht viel besser aussieht. Eher sogar schlimmer. Denn die Palästinenser werden keine Ruhe geben, und die Israelis werden nicht zurückweichen.

Die Sommerferien habe ich genutzt, um unser Land besser kennenzulernen. Solange man in der Schule sitzt und büffeln muß, hat man dazu nicht eben die große Gelegenheit. Mit der Sprache habe ich zudem immer noch Schwierigkeiten, zumal wir zu Hause doch automatisch ins Deutsche fallen. Deutsch ist einfach die Sprache, die wir alle am mühelosesten beherrschen, außer vielleicht Dinah, die inzwischen am besten Hebräisch von uns allen spricht.

Um meine eigenen Ivrith-Kenntnisse auf Vorderfrau zu bringen, habe ich mich drei Wochen lang verpflichtet, in einem Kibbuz mitzuarbeiten. Erstens hat mich interessiert, wie die Menschen da leben, zweitens wollte ich Arbeit an der frischen Luft haben, und drittens sollte es möglichst weit weg von zu Hause sein. Also entschied ich mich für den Kibbuz Ein-Gedi. Landschaftlich betrachtet ist Ein-Gedi ein reines Wunder. Eine riesige Süßwasseroase mitten in der Wüste und direkt am Toten Meer. Kaum zu fassen, daß inmitten all dieser Dürre plötzlich etwas blühen kann. Und was hier alles wächst und gedeiht! Du fühlst dich mitten aus der Hölle plötzlich ins Schlaraffenland versetzt, vor allem wenn du im Hochsommer hier bist, wo es "draußen" schon mal locker über 55°C im Schatten haben kann. Uns, d.h. die Volontäre, haben sie vor allem bei der Obsternte eingesetzt. Aber um mein Hebräisch zu verbessern, hätte ich nicht dorthin fahren müssen. Die meisten Volontäre kamen natürlich aus dem Ausland, und so habe ich mein Englisch und Französisch besser trainieren können als mein Ivrith.

Überhaupt habe ich mich gewundert, daß die meisten das Kibbuz-Leben so glorifizieren. Ich persönlich konnte nicht viel daran finden. Gemeinschaftsunterkünfte, Gemeinschaftsessen, Gemeinschaftsarbeit - alles recht und nett, doch nirgends findest du ein Fleckchen für dich alleine. Der Anspruch ist, daß alle alles machen und auch alles teilen sollen, Arbeit, Geld und Kinder und was sonst noch alles. Das bedeutet aber, daß die Kinder nicht bei den Eltern wohnen können, weil ja beide arbeiten gehen sollen, und statt dessen in Kinderhäusern untergebracht sind, wo sie schlafen, essen, lernen und spielen. Mit ihren Eltern sind sie nur in deren Freizeit zusammen. Da die Grundbedürfnisse abgedeckt sind, erhalten alle nur noch ein Taschengeld. Auch die Erwachsenen. Und weil die Kinder nicht bei den Eltern leben, brauchen die Erwachsenen natürlich auch nicht soviel Platz, sondern müssen sich mit ein bis zwei Zimmerchen begnügen.

Ach, Isabel, so sehr ich meine Eltern ja manchmal auf den Mond schießen könnte, ich glaube, ich könnte es noch weniger ertragen, wenn plötzlich auch noch fremde Personen an mir herumerziehen würden. Und immer mit sovielen anderen in einem Schlafsaal! Wo doch meine Geschwister mich schon gerade genug in Rage versetzen. Ich kann allerdings den Verdacht nicht loswerden, daß sich auch die jungen Kibbuzniks alle gräßlich auf die Nerven gehen. Zumindest kommen sie mir außergewöhnlich aggressiv vor. Wo eine Gruppe von Kibbuzniks vorbeigezogen ist, wächst kein Gras mehr. Ein Gejohle und Gekreische, das die letzte Hornisse aus ihrer Reserve locken könnte. Wahrscheinlich, weil sie sich immer gegen die anderen durchsetzen müssen, um überhaupt gehört zu werden. Außerdem gilt diese Lautstärke bei unserem Volk allmählich als Tugend. Angeblich ein Zeichen von Mut und Durchsetzungskraft. Vielleicht müßte ich in einem Kibbuz geboren sein, um das alles besser verstehen zu können. Aber die Kibbuzim sind die heiligen Kühe im Land. Die darfst du mit dem Messer der Kritik nicht einmal ritzen, geschweige denn schlachten. Ich war jedenfalls froh, als ich zu Hause wieder die Tür meines eigenen Zimmers hinter mir schließen konnte, bin jedoch sicher, daß David dieses Lagerleben wesentlich besser bekommen wäre. Er praktiziert es ja beim Militär auch, ohne zu Murren. Neulich hatten sie ihn mitten in der Wüste stationiert. Irgendwo zwischen Mizpe Ramon und Quseime. Ich wundere mich, was unsere Leute in dieser gottverlassenen Gegend überhaupt treiben. Aber mein Bruder wollte es mir auch nicht verraten. "Geheime Mission", verkündete er aufgeblasen, und ich hätte ihm gern eins vor's Schienbein getreten, wenn ich nicht inzwischen zu erwachsen dafür wäre. David überlegt sich sogar, nach seiner Dienstzeit in einen Kibbuz einzutreten. Er hat großes Interesse an Landwirtschaft und käme da sicher voll auf seine Kosten. Nur ob er sich auch beim Toilettensäubern so rührig zeigen würde, wage ich zu bezweifeln!

Umm Karim sagt, die Kibbuzim seien die größten Landräuber in Palästina. Sie sagt immer "Palästina" und niemals "Israel", weil sie findet, daß die Palästinenser zuerst hier waren.

Nun wirst Du dich sicher fragen, wer um alles in der Welt denn Umm Karim ist. Umm Karim ist niemand anderes als jene Sekretärin von Vater, die damals so einen unglücklichen Auftritt in unserer Familie gehabt hat. "Umm Karim" heißt sie deshalb, weil sie die Mutter von Karim ist; "Umm" bedeutet auf Arabisch "Mutter", und "Karim" heißt ihr einziger Sohn. Bei den Arabern werden nämlich die Eltern nach ihrem ältesten Sohn gerufen. Der dazugehörige Vater wäre in diesem Fall "Abu Karim". Es verleiht der ganzen palästinensischen Gesellschaft einen familiären Unterton, wenn du alle mit "Vater" und "Mutter" anreden kannst. Leider klappt das aber nur mit Jungen. Wenn jemand lauter Töchter bekommt, wird er oder sie nie "Vater" oder "Mutter". Umm Karim bspw. hatte schon drei Töchter, als endlich ihr Sohn geboren wurde. Ihr fünftes Kind war dann wieder ein Mädchen. Umm Karim ist allerdings nicht traurig darüber. Sogar im Gegenteil. Sie meint, in diesen kriegerischen Zeiten müßte sie vielleicht um Mädchen weniger Angst haben. Und außerdem erzieht sie ihre Töchter zu sehr selbstbewußten Menschen.

Die beiden ältesten, Victoria und Valérie sind etwa so alt wie ich. Du wirst wahrscheinlich jetzt denken, daß diese Namen wenig arabisch klingen, doch das ist hierzulande nur normal, vor allem in christlichen Familien oder Familien mit libanesischer Vergangenheit. Erst mit wachsendem Patriotismus hat Umm Krim ihren Kindern arabische Namen gegeben, und so heißen die drei jüngeren Sahar, Karim und Amal. "Amal" heißt übrigens auf Deutsch "Hoffnung". Umm Karim selber wurde von ihrer Mutter Dianna genannt, ein Name, mit dem sie ihrer Tochter den Mut und Kampfesgeist dieser großen griechischen Göttin einpflanzen wollte. Und ich muß sagen, es ist ihr gelungen. Diese Frau ist ungeheuer willensstark. Trotz schrecklicher Schicksalsschläge (und der Verlust ihres Elternhauses ist nur einer davon) hat sie nie den Mut verloren. Ihr Mann ist vor Jahren bei einem Verkehrsunfall ums Leben gekommen. Sie hatten eine Apotheke in Nablus, die jetzt ihr Schwager weiterführt. Er bezahlt auch das Schulgeld für die drei mittleren Kinder, die alle im Internat in Nazareth untergebracht sind. Victoria hat im Sommer ihr Abitur gemacht und bleibt vorerst noch zu Hause, um ihre Mutter zu unterstützen. Umm Karim war froh, diese Stelle bei meinem Vater gefunden zu haben, um nicht in Abhängigkeit von den Männern ihrer Familie zu geraten.

Die arabischen Männer sind noch schlimmer als die jüdischen, glaube ich. Die reinsten Diktatoren. Da hat sogar der Bruder das Regiment über seine Schwester. Er kann z.B. bestimmen, wen sie heiraten soll und wen nicht! Stell Dir das mal mit David und mir vor! Und erst mit Rafi! Es spielt nämlich keine Rolle, ob der Knabe älter oder jünger ist. Männliche Überlegenheit zeigt sich wahrscheinlich schon in den Windeln! Man traut einer Frau erst gar nicht zu, alleine zurechtzukommen. Da ist Umm Karim natürlich revolutionär. Die läßt sich nicht einmal von Vater herumkommandieren.

Nun wunderst Du Dich sicher, wieso ich überhaupt mit ihr in Kontakt getreten bin. Mich trieb einfach die Neugier, eine richtige Palästinenserin kennenzulernen. Also habe ich das Telefonbuch zu Rate gezogen und in einem unbewachten Augenblick bei ihr angerufen. Selbstverständlich mit großem Herzklopfen. Sie war aber unheimlich freundlich und hat mich gleich zu einem Besuch eingeladen. Vater weiß bis heute nicht, daß wir uns treffen. Mutter kann ich es nicht verheimlichen, aber sie hält dicht. Nur würde sie ihrerseits keinen Besuch in einer palästinensischen Familie wagen.

Toi, toi, toi für Dein letztes Schuljahr vor dem Abitur. Du wirst das Rennen schon machen. Bei mir wird es ja nun noch ein Jahr länger dauern. Aber das ist mir nur recht. Ich weiß sowieso noch nicht, was ich nachher machen will.

Hals- und Beinbruch!

Deine Rebekka

Haifa, den 15.5.1976

Liebe Isabel!

Schon wieder ist Pesach vorbei, und es geht mit Siebenmeilenstiefeln auf Shavuot zu. Wenn Du diesen Brief erhältst, wirst Du bereits frischgebackene Abiturientin sein. Irgendwie beneide ich Dich um diese neugewonnene Freiheit, denn ich habe die Schule manchmal rechtschaffen satt. Das, was du wirklich lernen solltest, erfährst du nicht, und dafür mußt du dir jede Menge Schrott eintrichtern. Und auf dem politischen Sektor wird dir die Hälfte verschwiegen.

Z.B. warum unser eigenes Volk, das doch leidgeprüft ist wie kaum ein zweites, jetzt soviel Leid über andere Menschen häufen muß. Diese Frage darfst du nicht einmal laut stellen. Nimm nur einmal Umm Karim als Beispiel: Als der Krieg von 1948 ausbrach, der dann zur Gründung des Staates Israel führte, war sie zwölf Jahre alt. Da ihre Eltern viel von einer gediegenen Schulbildung hielten, hatten sie sie ins Internat nach Nazareth geschickt. Ihre drei älteren Brüder waren in Jerusalem untergebracht. Auch im Internat, versteht sich. Das ist in arabischen Familien bis heute so üblich. Wer etwas auf sich hält, schickt seine Kinder auf christliche Schulen, die von den verschiedensten Orden geleitet werden. Umm Karims Eltern mußten, wie gesagt, vor den jüdischen Befreiungskämpfern in den Libanon fliehen. Man hat sie nie wieder über die Grenze zurückgelassen und ihr Eigentum einfach konfisziert. Ihr Vater wurde beim Versuch, die Grenze illegal zu durchqueren, als sog. Infiltrator erschossen. Dabei sollte er nur versuchen, seine Tochter zu erreichen und sein Geld von der Bank abzuheben. Ihre Mutter war schon vorher an den Folgen einer Lungenentzündung gestorben, die sie sich auf der Flucht zugezogen hatte. Zu ihren Brüdern durfte sie auch nicht, denn deren Schule gehörte nach der Teilung Jerusalems plötzlich zu Jordanien, und dahin war die Grenze auch versperrt. So fand sie sich mit einem Schlag abgeschnitten von allen Menschen, die sie liebte, wußte lange Zeit nicht, daß ihre Eltern schon tot waren, und ob ihre Brüder noch lebten. Wenigstens behielt man sie als Vollwaise weiterhin im Internat, weil sie bei ihren Lehrerinnen einen Stein im Brett hatte.

Gleich nach dem Abitur ging Umm Karim nach Jordanien, da sie große Sehnsucht nach ihren Brüdern verspürte. Doch ihre Brüder waren ihr durch die langen Jahre der Trennung fremd geworden. Sie wußten nichts anderes mit ihr anzufangen, als sie so schnell wie möglich zu verheiraten. Ihr Mann war zwanzig Jahre älter als sie, und sie fand ihn noch am erträglichsten von allen Bewerbern. 1967 wurde die heutige sog. West-Bank von Israel dazuerobert. Alle Banken waren mit einem Mal geschlossen. Die Leute konnten nichts mehr abheben und waren buchstäblich am Verhungern. Wer noch Verwandte oder ein Konto in Jordanien hatte, versuchte sich bis dorthin durchzuschlagen. Auch Abu Karim machte sich auf den Weg. Er konnte nicht ahnen, daß sich zum damaligen Zeitpunkt die Allenby-Bridge in eine Einbahnstraße verwandelt hatte. Wer einmal hinüberging, der ging für immer. Die israelischen Soldaten standen auf Posten und zwangen alle zu unterschreiben, daß sie nicht wieder zurückkommen wollten.

Unter Schüssen und Gewaltandrohungen trieben sie die Menschen wie Vieh über den Jordan. Die meisten von ihnen hatten alles verloren. Ihre Dörfer waren dem Erdboden gleichgemacht, und sie mußten noch dankbar sein, daß man ihnen die Haut auf dem Leibe gelassen hatte. Abu Karim wäre damals sicher gerne umgekehrt. Aber der Strom hatte ihn schon mit sich gerissen, noch ehe er zur Besinnung kommen konnte. Seine Frau und seine Kinder haben ihn nie wiedergesehen. Umm Karim war damals im sechsten Monat schwanger. Mit Amal. Daß ihr Mann später bei einem Autounfall ums Leben gekommen ist, erfuhr sie durch eine geschmuggelte Postkarte.

Du weißt, Isabel, ich war nie gut im Behalten von Zahlen. Aber unser Volk hat in den Jahren zwischen 1947 und 1967 Millionen von Menschen in die Ausweglosigkeit getrieben. Sicher, ich liebe mein Land. Doch wenn das der Preis ist! Ich war auch in Konstanz nicht unglücklich. Und Großvater wäre noch heute lieber in Andernach! Nur, bei ihm ist es etwas anderes. Er mußte damals wirklich vor den Nazis fliehen. Uns dagegen trieb vornehmlich der Reiz des Unbekannten und ein Hauch von Abenteuer. Müssen wir dieses Land deshalb so rapide verändern, damit es endlich unser Gesicht trägt?

Mit diesem traurigen Ausblick möchte ich schließen. Du siehst, ich bin aufgewühlt wie der Boden nach einem Wolkenbruch. Nur fragt sich, welche Blüten ich noch hervortreiben werde.

Umm Karim wohnt übrigens nicht mehr in Haifa. Auf Drängen ihrer Kinder ist sie nach Nablus zurückgezogen. Sie gehen jetzt alle dort zur Schule. Victoria läßt sich in Bethlehem zur Krankenpflegerin ausbilden. Später will sie vielleicht noch Medizin studieren. Umm Karim ist dabei, sich zu einer bedeutenden Schriftstellerin zu entwickeln. Sie scheut keine Konfrontation. Ich wünschte, Mutter wäre wie sie.

Diesen Brief wage ich nicht mehr mit der normalen Post zu schicken. Er könnte in den Netzen der Sicherheitskontrollen hängenbleiben. Wundere Dich also nicht, wenn Du demnächst

Briefe aus Israel mit einer deutschen Briefmarke erhältst! Es gibt immer Mittel und Wege!

In diesem Sinne,

Deine Rebekka

Urim, 1977

Liebe Isabel!

Es freut mich zu hören, daß es Dir gut geht und daß dir Dein Studium an der Musikhochschule Spaß macht. Ich bin auch längst überfällig für's Abitur und zittere trotzdem vor dem Danach. Denn "Danach", das bedeutet zuerst einmal zwei Jahre Zahal, d.h. Militärdienst, und wie ich den überstehe, weiß ich noch nicht.

Was Du schreibst, ist natürlich richtig. Ich werfe ja auch ab und zu einen Blick in ausländische Zeitungen, vor allem deutsche, und merke, daß sie das Problem hemmungslos herunterspielen. Sie sind so beeindruckt von den großen israelischen Wundertaten, daß sie die Kehrseite der Medaille gar nicht mehr in Betracht ziehen wollen. Und natürlich wollen sie auch ihr schlechtes Gewissen übertönen.

Erst vor kurzem waren wir ausnahmsweise wieder alle zusammen am Abendbrottisch vereint, als die Meldung von einem neuen palästinensischen Bombenattentat aus den Nachrichten dröhnte.

"Diese elenden Verbrecher", zischte mein Vater wutentbrannt, "ich frage mich, warum wir nicht endlich Schluß mit ihnen machen!"

"Ich verstehe nicht, was sie anderes machen als unsere Terroreinheiten vor 1948", wagte ich einzuwenden. "Warum feiern wir die einen als Helden und verdammen die anderen als Verbrecher?" Du kannst mir glauben, Isabel, ich mußte schon all meinen Mut zusammennehmen, um diese Worte auszusprechen, aber nun war es endlich heraus. Für eine Weile blieben alle stumm. Dann ließ Großvater den Löffel in die Suppe fallen, daß es knallte, und Vater verpaßte mir die erste

Ohrfeige meines Lebens. Ich rannte voll von Haß aus dem Zimmer.

Später kam David zu mir. "Gib's auf", sagte er müde, "dafür fehlen ihnen die Begriffe. Im Grunde fühlen sie ja, daß du recht hast, aber was dann? Du würdest ihnen den Boden entziehen, auf dem sie leben. Versuchen wir lieber, für uns selber einen anderen Weg einzuschlagen!"

Ich glaubte, mich verhört zu haben. Von meinem älteren Bruder hätte ich in dieser Situation am allerwenigsten Zuspruch erwartet. Es sollte jedoch noch dicker kommen. Halt Dich fest, Isabel, David hat sich in eine Palästinserin verliebt! Und weißt Du, in wen? Ausgerechnet in Victoria, die älteste Tochter von Umm Karim! Wie er es überhaupt geschafft hat, sie näher kennenzulernen, ist mir ein Rätsel. Aber Umm Karims erster und letzter Besuch bei uns zu Hause muß wohl auch bei ihm einen Stachel hinterlassen haben. Nur, anders als ich, hat er bei der Familie nicht erst angerufen, sondern ist gleich persönlich dort erschienen. Da war Victoria wohl gerade zu Hause. Und es muß direkt gefunkt haben zwischen den beiden. Nur haben sie es lange nicht gewagt, sich das einzugestehen. Und selbstverständlich halten sie es auch jetzt noch streng geheim. Wobei die Attacke wohl eher von Vater zu erwarten wäre als von Umm Karim. Die hat sich in Nablus schon genug Feinde geschaffen, weil sie auch Juden zu ihren Bekannten zählt. Für Vater dagegen ist eine palästinensische Verwandte undenkbar. Der streikt schon beim Gedanken an einen marokkanischen oder jemenitischen Juden. Das ist alles für unsereins nicht standesgemäß.

Natürlich werde ich schweigen wie eine Katakombe. Mein Bruder war mir schon lange nicht mehr so menschlich erschienen. Wie doch die Liebe einen Menschen verändern kann! Trotzdem hoffe ich, daß ich mich nicht so schnell verlieben werde. Das bringt unter den hiesigen Verhältnissen nur Probleme mit sich.

Es umarmt Dich herzlich

Deine Rebekka

Jerusalem, den 26.5.1979

Liebe Isabel!

Wahrscheinlich hältst Du mich für das treuloseste Geschöpf unter Israels Sonne, nachdem ich Deine sämtlichen Briefe aus den vergangenen zwei Jahren nicht mehr beantwortet habe. Immerhin warst Du schlau genug, Dir den Grund für diese Funkstille selber auszumalen: Meine Einberufung in die Zahal.

Anderswo mag die Einberufung von Frauen zum Militärdienst zwar als der Gipfel der Gleichberechtigung gefeiert werden, doch abgesehen davon, daß ich es für höchst fragwürdig halte, Gleichberechtigung ausgerechnet an diesem Ende des Geschlechterkampfes ausfechten zu wollen, spricht die Wirklichkeit im israelischen Militär jeder emanzipatorischen Phantasie in höchstem Maße Hohn. Schon die Einteilung ist klassisch: Männer zu den Waffen, Frauen zu den Schwachen: Kinder, Kranke und alte Leute. Darüber hinaus jede Menge Büroarbeit. Es wäre ehrlicher, den sog. Wehrdienst für Frauen in ein soziales Pflichtjahr umzubenennen, denn darauf läuft letzten Endes die ganze Zwangskasernierung hinaus, bei der nur noch die Uniform ans Militärische erinnert.

Und, um ehrlich zu sein, das ganze Arrangement hat sich noch zusätzlich zum Heiratsmarkt Nummer eins entwickelt. In dieser Hinsicht denken jüdische Mädchen offensichtlich weit traditioneller als es nach außen hin den Anschein hat. Und wo finden sie schließlich ein geeigneteres Feld für ihre Jagd nach dem Partner fürs Leben als während dieser langen Dienststrecke? Und außerdem schlagen sie mit dieser Klappe gleich noch eine andere Fliege: Sie schützen sich vor weiteren Einberufungen, mit denen sie als alleinstehende Frauen bis zu ihrem 34. Lebensjahr zu rechnen hätten; jedes Jahr für einen Monat. Das wäre selbst für mich noch ein Grund zu heiraten und schnell mindestens ein Kind auf die Welt zu bringen. Doch ich kann Dich beruhigen. Bei mir hat der Heiratsmarkt nicht funktioniert. Mich hat das ganze Getue eher angewidert. Ach, Isabel, in den vergangenen beiden Jahren habe ich mich gefühlt wie eine vergessene Mine im Niemandsland. Ständig im

Untergrund und unter gewissen Umständen dennoch hochexplosiv. Die Anstrengung, die es mich alleine immer wieder gekostet hat, gute Miene zum schaurigen Spiel zu machen, wäre eine Tapferkeitsmedaille wohl wert gewesen. Dabei ließ sich zuerst alles noch ganz harmlos an. Nach der Grundausbildung schickten sie mich an die Pforte eines kleinen Krankenhauses in der Nähe von Tiberias. Aber der Friede währte nicht lange. Nach ein paar Monaten wurde ich abkommandiert in die Golanhöhen. Dort hatte unsere Nahal, in der die jungen kämpferischen Pioniere organisiert sind, eine neue Siedlung aufgeschlossen. Zu reinen Zwecken der Landnahme, versteht sich. Man will die Grenze auf diese Weise unmerklich Stück für Stück nach Norden vorschieben und mit Hilfe der Siedlungen Fakten schaffen, die nicht mehr rückgängig zu machen sind. Und natürlich macht es sich gut, wenn dann in den Zeitungen wieder steht, daß die unmenschlichen arabischen Terroristen erneut auf wehrlose Frauen und Kinder geschossen hätten! Für meine Begriffe ist es unmenschlicher, Frauen und Kinder überhaupt erst als Grenzposten zu benutzen. Man macht sie damit bewußt zum Kanonenfutter, denn jedem ist klar, daß die Palästinenser diese hinterhältige Art der Landnahme nicht tatenlos hinnehmen werden. Du mußt Dir das einmal bildlich vorstellen: Während in den arabischen Dörfern der Umgebung die Häuser der Palästinenser, die ohne Genehmigung weitergebaut werden (und wer sollte ihnen diese Genehmigung erteilen!), unbarmherzig niedergerissen werden, schießen gleichzeitig die israelischen Siedlungen wie Pilze aus dem Boden. Kein Wunder dann, daß diese Siedlungen zu Brennpunkten nie enden wollender Attentate werden! Die Nächte, in denen wir nicht in Verteidigungsstellung waren, hätte ich an den Fingern einer Hand abzählen können. Ständig in Alarmbereitschaft, oft im Bunker zusammengedrückt und am Ende nur noch fatalistisch. Mitten im Frieden lebten wir hier wie im bittersten Krieg. Häufig zudem noch den Tieffliegern von der eigenen Seite ausgesetzt, die die palästinensischen Guerilla- und Flüchtlingslager jenseits der Grenze unter Beschuß nahmen.

Während es für mich die reine Hölle war, konnte ich beobachten, daß einige der jungen Pioniere bei dieser Art von Leben noch über sich hinauswuchsen. Mit Bewunderung und Abscheu realisierte ich, wozu Menschen noch unter den grausigsten Belastungen fähig sind. Das einzige, was sie vergessen in ihr Kalkül miteinzubeziehen: daß es der Gegenseite genauso ergehen könnte!

Du wirst nun begreifen, warum ich Dir aus diesem Niemandsland der Schrecken keine Briefe mehr schreiben konnte. Sie wären ohnehin nicht durch die Zensur gegangen.

Ich hoffe, Du hattest in den vergangenen Jahren ein leichteres Leben!

Deine Rebekka

Jerusalem, den 14.12.1979

Liebe Isabel!

Wie schnell man sich doch aus den Talfahrten des Schreckens erholt. Morgen zünden wir schon wieder die erste Chanukkah-Kerze an, und daran merke ich, wie schnell auch dieses Jahr seinem Ende zugesteuert ist.

Während Du Deinen ersten größeren Auftritten als Konzertpianistin entgegenfieberst, habe ich meine ersten unentschlossenen Schritte über den Campus der Hebräischen Universität von Jerusalem getan. Vorerst habe ich mich in Musik- und Literaturwissenschaft eingeschrieben. Eigentlich mehr aus Verlegenheit, im Grunde weiß ich noch gar nicht richtig, was ich will. Die Militärdienstzeit hat sich im übrigen eher lähmend als anregend für meine beruflichen Perspektiven ausgewirkt. Und so fiel meine Wahl zunächst einmal auf zwei unverfängliche Fächer. Vater war's recht. Er ist ohnehin der Meinung, Mädchen sollten früher oder später heiraten und daß ihnen dazu ein bißchen schöngeistige Bildung nicht schaden kann. Und nach meinen Erfahrungen in der Zahal liegt er mit diesen Ansichten vielleicht nicht einmal falsch.

Wirkliche Frauenrechtlerinnen findest Du bei uns eher auf der arabischen Seite. Da sind sie natürlich auch stärker vonnöten und müssen sich Rechte erkämpfen, die für eine moderne israelische Frau längst selbstverständlich geworden sind. Z.B. einen eigenen Paß. Die palästinensische Frau wird so sehr als Anhängsel ihres Mannes verstanden, daß ein eigener Ausweis für sie gar nicht in Frage kommt. Als ich das erfuhr, verstand ich auch besser, warum bei den Straßensperren immer nur die Männer aus den Bussen geholt werden. Die Frauen können sich ja ohnehin nicht ausweisen.

Jetzt, wo ich in Jerusalem wohne, fahre ich beinahe täglich in die Altstadt; zum Bummeln, um vor einem Café einen türkischen Mokka zu genießen oder ganz einfach, um die Atmosphäre in mich einzusaugen (daran magst Du erkennen, wie ernst ich augenblicklich mein Studium nehme!). Die Altstadt quillt ja über vor Leben. Und doch geben hier ganz andere Impulse den Ton an als bspw. in der jüdischen Neustadt. In beiden Teilen geht es hektisch zu, das läßt sich nicht leugnen. Aber während ich die eine Hektik als aggressiv empfinde, wirkt die andere Hektik eher belebend auf mich. Vielleicht liegt es daran, daß die Quirligkeit, die Palästinenser um sich herum verbreiten, bei allem Wirbel immer noch auf den anderen Menschen bezogen bleibt, den Kunden, den Mitreisenden, den Hilflosen oder eben den Unbekannten. Was man bei der ersten Berührung als aufdringlich empfinden könnte, ist nichts weiteres als ein unbändiges Interesse am anderen. Dies mag bisweilen seltsame Blüten treiben, aber es bewirkt, daß du dich nie alleine fühlst.

Nimm nur einmal die arabischen Busse als Beispiel: Wenn du dich dem Busbahnhof am Herodestor näherst, denkst du, du kannst dort Kraut und Rüben nicht mehr auseinanderhalten. Die Busse sind zum Bersten voll, Menschen drängen in Klumpen zu den Türen herein, und die Fahrer veranstalten Hupkonzerte, daß die Mauern der Altstadt davon zusammenfallen könnten. Läßt du dich davon nicht abschrecken, dann entdeckst du schnell die Ordnung im Chaos. Niemals wirst du es erleben, daß dir eine hilfreiche Hand nicht den Weg zum richtigen Bus wiese (und wenn sie ihn dafür eigenhändig anhalten müßte), daß einem alten oder bepackten Menschen nicht geholfen würde, daß ein junger für einen alten Menschen nicht kommentarlos seinen Platz räumen würde. Ist der Bus aber einmal auf seinem Weg, dann hält er auf Bedarf auch wieder an. Selbst wenn keine Haltestelle in Sicht ist. Auf Zeit darfst du dabei natürlich nicht achten. Und das ist z.B. wieder die Gemütlichkeit in der Hektik, die sich auch darin zeigt, daß man dir beim Einkaufen immer zuerst einen Kaffee oder Tee zur Stärkung anbietet. Führe ein harmloses Gespräch - und es kann sein, daß man dich im nächsten Augenblick zur Hochzeit einlädt - oder doch zumindest zu einem kleinen Imbiß.

Wenn du sie näher kennenlernst, dann mußt du diese Menschen einfach sympathisch finden. Selbst wenn du ihre Paschas manchmal zur Hölle wünschen könntest! Und das ist nun wieder die Kehrseite der Medaille: Eine Frau, die alleine geht, muß beständig auf der Hut sein. An jeder Ecke trifft sie jemanden, der sie von "five minutes" bis zu einem ganzen Leben lang "happy" machen möchte, selbst wenn er nur mit einem Schwung von Olivenholzrosenkränzen über dem Arm sein windiges Dasein fristet, und die Frau, die er anspricht, die Königin von England wäre. Der arabische Pascha hält sich für unwiderstehlich. Wer ihn zurückweist, muß damit rechnen, daß er gewalttätig wird. Aber anstatt nun die Frau vor dieser Furie zu schützen, wird umgekehrt ein Schuh daraus. Sie wird verdammt, wenn er seinen Gelüsten freien Lauf läßt, und damit er das nicht kann, muß immer ein anderer Mann dabeisein, wenn sie ausgeht! "Sogar mein dusseliger kleiner Bruder reicht aus, um uns beide zu beschützen", spottete Victoria neulich zynisch. Sooft ich kann, treffe ich mich mit ihr und Valérie in Bethlehem. Seit ich meine Scheu vor den arabischen Bussen verloren habe, ist es nur noch ein Katzensprung bis dorthin. Die israelischen Soldaten machen immer große Augen, wenn sie mich bei ihren Kontrollen im Bus antreffen. Es ist ihnen peinlich. Da ich hellere Haare habe, halten sie mich für eine Ausländerin.

Valérie studiert inzwischen Pädagogik an der Universität von Bethlehem. Victoria dagegen hat erkannt, daß ihr die Arbeit mit Kranken nicht liegt. Sie will jetzt Geschichte und Politologie studieren und nachher Journalistin werden. Sie und David haben vor, sich gemeinsam nach Deutschland abzusetzen und in München weiterzustudieren. David studiert Psychologie, Völkerpsychologie und Völkerkunde. Vater hat sich schon einverstanden erklärt, sein Studium im Ausland zu finanzieren, weil er stolz darauf ist, einen so unternehmungslustigen Sohn zu haben. Und Umm Karim hat sowieso schon Geld für das Studium ihrer ältesten Tochter auf die hohe Kante gelegt. Im April wollen sie fliegen. Natürlich in getrennten Flugzeugen, damit es nicht auffällt. Ich mag noch gar nicht daran denken. Wer weiß, wie lange es dauert, ehe wir uns wiedersehen? Aber es ist besser so. Hier könnten sie doch niemals in Frieden und vor aller Öffentlichkeit zusammen leben. Und wer weiß, vielleicht kommen einmal bessere Zeiten...!

Dir alles Gute.

Ich freue mich schon auf Deinen nächsten Brief!

Deine Rebekka

Jerusalem, den 25.6.1980

Liebe Isabel!

Daß Dich die Schilderung unserer arabischen Ali-Babas amüsiert hat, glaube ich gerne. Und ich bin auch bereit, Dir recht zu geben, wenn Du behauptest, dieselben Probleme träten in Deutschland nur domestizierter auf. Deutsche Männer fallen dich zwar nicht mehr ganz so ungehemmt auf offener Straße an, aber wenn du versuchst, als Frau in Gebiete vorzudringen, die sie für ihre ureigene Domäne halten, werden sie trotzdem wild. Daß Du als Konzertpianistin ein Lied davon singen kannst, kann ich mir lebhaft ausmalen.

Stell Dir vor, Isabel, ich habe nun endlich auch zu meinem Beruf gefunden: Ich will Jura studieren und Rechtsanwältin werden. Der Anstoß zu dieser Entscheidung war mal wieder, wie sooft in diesem Land, ein trauriger. Karim, der einzige Sohn von Umm Karim, wurde im April plötzlich verhaftet. Kurz nachdem Victoria und David das Land verlassen hatten. Man beschuldigte den Jungen, einen Molotow-Cocktail auf einen israelischen Militärjeep geworfen zu haben. Umm Karim war der Verzweiflung nahe. Du mußt wissen, Karim ist erst vierzehn und weiß nicht einmal, wie ein Molotow-Cocktail aussieht. Seine Mutter hatte trotzdem schreckliche Angst, daß sie ihn foltern würden, wenn er kein Geständnis ablegte. Karim war an dem fraglichen Tag nicht einmal in die Nähe eines Militärjeeps gekommen. Dennoch behielten sie ihn mehrere Wochen im Gefängnis, und als sie ihn freiließen, trug er deutlich Spuren von Folter. Er sprach wenig darüber, aber er muß Entsetzliches mitgemacht haben. Einmal übergossen sie ihn mit Benzin, hielten ein Streichholz in seine Nähe und drohten, ihn anzuzünden. Da gestand er vor lauter Not, einige Steine nach dem Jeep geworfen zu haben. Als sie ihm später noch drohten, seine Mutter und seine Schwestern vor seinen Augen mit glühenden Eisenstangen zu vergewaltigen, hat er alles gestanden, was man von ihm verlangte.

Seit dieser Zeit weiß ich, daß ich Rechtsanwältin werden möchte, um solche Kinder zu verteidigen. Mein Vorbild ist dabei Felicia Langer. Unermüdlich setzt sie sich als Israelin für die rechtlosen Palästinenser ein und scheut sich nicht, den Kampf mit den Politikern ihres eigenen Volkes auf sich zu nehmen, ungeachtet selbst der Mordandrohungen, die ihr die eigenen Landsleute in den Briefkasten werfen. So möchte ich auch werden. Gebe Gott, daß ich den Mut dazu finde.

Vater war recht angetan von meinem Entschluß. Da ihm inzwischen dämmert, daß ich so schnell noch nicht für Enkel sorgen werde, freut er sich, daß ich nun wenigstens einen nützlichen Beruf ergreifen will. Gut, daß er den Hintergrund nicht kennt! Ich werde ihm diese Tragödie solange wie möglich ersparen.

Rafi ist inzwischen unter die Leistungssportler gegangen. Er schwimmt wie ein Delphin und macht sich Hoffnungen auf Olympia. Und Dinah will im Sommer unsere Verwandten in Konstanz besuchen.

Großvater ist schon im Januar verstorben. Mit einem Bild von Andernach zwischen den dürren Fingern ist er selig entschlafen. Er war am Schluß nicht mehr ganz klar im Kopf und sprach immer davon, daß seine Mutter dort am Ufer des Rheins, beim alten Kran, auf ihn wartete. Ein gnädiger Tod für einen ungnädigen Menschen. Großvater war früher Mitglied der "Irgun", jener Terrororganisation, die sich in den Bürgerkriegen vor 1948 unvorstellbarer Grausamkeiten bedient hat, um Scharen von Palästinensern aus dem Land zu treiben. Ich habe es nur durch einen Zufall herausbekommen.

Mir ist das Herz schwer und darum mache ich jetzt Schluß.
Wie immer
Deine Rebekka

Jerusalem, am Jom Kippur 1981

Liebe Isabel!

"Kol nidrei" - alle unsere Gelöbnisse, "mögen sie uns nicht länger binden ... und mögen wir statt dessen Vergebung und Verzeihung erlangen vor Gott, unserem Richter" - so betet mein Volk am Tag der Versöhnung, der als unser höchster Feiertag gilt. Zu den Zeiten der Bibel hat man aus solchem Anlaß den Sündenbock in die Wüste gejagt, der die Gläubigen von allen Schuldzuweisungen befreien sollte. Heute haben wir uns längst andere Sündenböcke gefunden. Und wir vertreiben sie immer noch aus unserer Sichtweite. Damit sie uns nicht mehr an unsere Schandtaten erinnern können. Verzeih mir, wenn ich nach einjähriger Sendepause gleich wieder mit so trüben Gedanken aufwarte. Aber mir ist heute danach. Jeder Jom Kippur treibt düstere Gedanken aus. Ob er aber auch zur Vergebung führt, das wage ich allmählich zu bezweifeln.

Den Umständen entsprechend geht es uns nicht einmal so schlecht. Victoria und David haben schon zwei Briefe zu uns durchschmuggeln können. Es geht ihnen gut, und sie haben den Flug übers Mittelmeer nicht bereut. Victoria hat natürlich großes Heimweh. David nicht. Er hatte ja die längste Zeit seines Lebens in Deutschland verbracht, und es machte ihm keine Schwierigkeiten, sich wieder einzugewöhnen. Trotzdem geben beide die Hoffnung nicht auf, eines Tages wieder nach Palästina zurückkehren zu können. Wenn der Krieg vorüber ist ... So lange wollen sie in Deutschland Aufklärungsarbeit betreiben.

Vater hat inzwischen alles erfahren. Er hat es wider Erwarten hingenommen und seine Zahlungen nicht eingestellt. Nun ja, unsere Eltern sind inzwischen einiges gewöhnt. Beim letzten Mal, als ich zu Hause war, ist Rafi hochgegangen. Als ich ankündigte, unseren Bruder über Weihnachten in München besuchen zu wollen, aber noch nicht wüßte, wie ich das Geld dafür zusammenbekommen sollte, sahen sich Dinah und Rafi zuerst merkwürdig an, und dann platzte es aus meinem jüngeren Bruder heraus:

"Ich will auch endlich frei reisen. Ich will auch endlich etwas von der Welt sehen. Andere Jugendliche in meinem Alter können wenigstens ihre Nachbarländer besuchen. Wo aber sind unsere Nachbarländer? Sie fangen alle erst jenseits des Mittelmeeres an. Früher haben euch die anderen Völker in Ghettos gesteckt. Jetzt habt ihr euer eigenes Ghetto geschaffen. Merkt ihr denn nicht, daß ganz Israel zu einem einzigen Ghetto geworden ist? Und die Zäune habt ihr diesmal selber aufgerichtet."

Mit "ihr" war die Generation meiner Eltern gemeint. Beide senkten die Köpfe. Keine Ohrfeige, kein elterlicher Bannstrahl traf Rafi, als er mit zornbebender Stimme auftrumpfte: "Ich will nicht zum Militär. Ich will nicht auf Menschen schießen.

Was hat es für einen Sinn, bei Olympia die Jugend der Welt zu treffen, wenn ich die Jugendlichen in unserem eigenen Land mit Stöcken niederknüppeln soll?"

Rafi weiß, daß er zur Zahal gehen muß. Er hat keine andere Wahl. Er liebt dieses Land, das ihm inzwischen zur ersten Heimat geworden ist. Er will später Reiseleiter werden. Vielleicht wird er einer von den wenigen, die auch die Kehrseite der Phantasie vom "gelobten Land" in Betracht ziehen.

Nur Dinah könnte die erste von uns sein, die Israel für immer den Rücken zukehren wird. Seit sie ihre letzten beiden Sommerferien in Konstanz bei einer Cousine unserer Mutter verbracht hat, schwärmt sie nur noch vom Bodensee. Und überhaupt ist in Deutschland alles besser. Es gibt mehr Flüsse, größere Seen, mehr Regen, mehr Wälder, buntere Blumen, weniger Hitze, schönere Städte, schmackhafteres Essen und, und und ...

Das Land, wo Milch und Honig fließt, ist also immer das Land, das einem nicht gehört. Und es ist immer das Land der Verheißung. Der Verheißung auf ein besseres Leben. Der Fehler war vielleicht, daß mein Volk die Verheißung ausschließlich genommen hat.

Ich würde mich freuen, wenn wir uns zu Weihnachten sehen könnten. Hoffentlich erkennen wir uns überhaupt noch!

Schalom, lehitraoth!

Deine Rebekka

Es klopft

Es klopft.
Vor fünf Minuten - endlich -
diese Tür hinter mir zugezogen.
Jetzt nur noch -
- ins Bett.

Es klopft.
Keine Bewegung!
Ich bin nicht da -
oder notfalls schon zu Bett gegangen,
jedenfalls: nicht mehr gesellschaftsfähig.
Kein Mucks also
und am besten gleich
die Luft anhalten.
Totgestellte
leben weniger gefährlich.

Es hat geklopft,
und meine Gedanken spielen
"Fang den Hut" oder "Spitz paß auf!";
wirbeln herum
wie meine Füße beim Tanz:
Nur du und ich
und der Wind
läßt die Rolläden klappern.

Es ist ja gar nicht, daß ich nicht wollte, und es geht auch nicht einfach um "Ja" oder "Nein", Sex oder Nicht-Sex wie Sein oder Nicht-Sein. Zwischen uns die Wand - die ist uns sicher - aber wo sind wir? - das ist alles andere als sicher; darüber hat sich, genau genommen, noch kaum jemand kundig gemacht. Weil "jemand" gewohnt ist, in der Einzahl zu denken. Also für die, die sich hinter der Wand befindet, einfach mit. Denn zweifach denken dünkt ihm überflüssig, und eine "jemandin", die sich ihm dazu aufdrängen könnte, müßte erst noch aus der Sprache geschöpft werden, - mit einem Schaumlöffel, der die häßlichen Rückstände aus Jahrtausenden einfach abtropfen ließe.

Es klopft,

und ich könnte wohl antworten. Doch ist Stummheit nicht auch beredt? Und außerdem: so etwas wie der natürliche Ausdruck verhinderter "jederfrau"? Was soll sie auch sagen, wenn schon jeder Ausdruck vorgedeutet ist? Selbst ihr Schweigen ... unter Umständen als Einverständnis gilt.

Es hat geklopft,

aber das sagt noch gar nichts. Weder für die auf der einen Seite der Wand, noch für den auf der anderen. Denn eigentlich geht es hier und heute schon lange nicht mehr um Wollen oder nicht Wollen. Und auch nicht um Herzklopfen.

- Sondern?
- Um Angst.
- Aber, ich bitte dich, vor mir brauchst du doch keine Angst zu haben!
- Das sagen alle.
- Na, siehst du!
- Doch das beweist gar nichts.
- Nun mach es doch nicht so kompliziert!
- Laß mich zuerst nachdenken ...
- Wenn du noch lange denkst, ist die Gelegenheit vorbei.
- Dann lassen wir sie eben verstreichen, morgen, du weißt ja ...

- Wer weiß, was morgen ist; morgen habe ich vielleicht keine Lust mehr ...

- Das setzt mich unter Druck.

- Nun hab dich nicht so; da ist doch nichts dabei!

- Das sagt jedermann.

- Weil es so ist.

- Weil jedermann es so haben will.

- Und du?

- Ich bin nicht jedermann.

- Klar, du bist eine Frau; und Frauen haben zu allen Zeiten...

- Haben was?

- Hm, schwer zu sagen ...

- Weil es dir nicht in den Kram paßt?

- Mein Gott, bist du schwierig!

- Gott - ja , damit fing alles an:

Vor eurem Gott war eine Frau die halbe Zeit ihres Lebens unrein. Und auch ich blute gerade. Mit dem einzigen Blut, das vergossen wird zur Erneuerung des Lebens. Ohne Schmerzen und ohne gewaltsame Tode. Daher auch stets wiederholbar. Doch bei euch gibt es heute noch viele Männer, die sich im Bus nicht neben eine Frau setzen, aus Angst, sie könnte sie mit ihrer möglichen Unreinheit anstecken. Und du bist doch auch einer von denen! Zumindest in derlei Traditionen großgeworden. Vielleicht würdest du mich zurückstoßen, wenn du erführest, daß ich mitten dabei bin, mein Blut zu vergießen. Mitten in die freudige Erwartung hinein dieser Todesstoß. Und selbst wenn nicht ..., schon daß ich daran denken muß, macht mich verspannt.

Zumindest über Verhütung brauchten wir uns dann keine Gedanken zu machen. Heute nicht, - und morgen auch nicht. Aber beim nächsten Mal ... wenn wir uns nach Monaten wiedersehen ... Es gibt doch ein "nächstes Mal"? - Oder: "einmal ist keinmal" - auch dieser Satz fiel heute abend schon. Dann wäre ich außer Gefahr; soweit es die Verhütung betrifft.

Und wie schütze ich mich vor meinen Gefühlen? Und vor deinen? Wenn sie doch länger dauern sollten als einen Tag und eine Nacht?

Was schön ist, soll auch weitergehen. Dann fiele die Frage eines Tages auf uns zurück.

Es wäre einfach, wenn ich es dir einfach machte. Sozusagen gebrauchsfertig. Vielleicht erwartest du das. Vielleicht müßten wir darüber Diskussionen führen, die jede Lust im Keim erstickten. Vielleicht bist du auch vorsorgender, als ich vermute. Doch läßt sich Mißtrauen nicht auswaschen wie ein einmal benutztes Bettlaken. Die Flecken sitzen sozusagen schon im Gewebe. Und lassen sich nicht entfernen, ohne das Ganze zu schädigen.

Oder nur mit sehr viel Geduld ...

Doch es klopft,

und uns bleibt nur dieser eine Abend, der die Nacht noch vor sich hat. Übermorgen ist der Tanz zu Ende, und dann liegen wieder Entfernungen zwischen uns, die nicht durch das Öffnen einer Tür zu überbrücken sind.

Was schön ist, soll auch dauern. Denn "alle Lust will Ewigkeit, will tiefe ..." blah, blah, blah und so weiter. So hat es jedermann für jederfrau, die es noch gar nicht gibt, mitformuliert. Oder hat er ihr den Gedanken nur gestohlen? In vorauseilendem Gehorsam sozusagen und für ein Wesen, das noch gar nicht denken kann und sowieso nicht weiß, was es will (weshalb "stehlen" hier auch ein zu hochgegriffenes Wort wäre). Den Ausdruck nachträglich als den seinen ausgegeben. Weil es so erhaben klingt - und so weit weg ist von der Wirklichkeit. Denn eigentlich scheint eure Liebe doch dem Augenblick verfallen: "Carpe occasionem", "einmal ist keinmal", und beim nächsten Mal ist deine Frau wieder dabei, und dann können wir sowieso nicht ... Deshalb unbedingt noch heute.

Ob ich deiner Frau je wieder ins Gesicht sehen könnte - danach fragst du nicht, wenn du anklopfst. Ist ja auch mein

Problem. Du siehst sie doch viel öfter als ich und bringst es schon seit langem fertig. Und ich könnte es auch fertigbringen, wenn ich wüßte, daß sie einverstanden ist. Möglich, daß wir ihr gar nichts nehmen, wenn wir zusammen sind. Vorausgesetzt, euer Miteinander ist so fest verknüpft wie ein orientalisches Teppichmuster: Dann wäre das unsere nicht mehr als ein Farbtupfer dazu, wenn auch ein uns beide belebender. Und dafür könnten mich meine Gefühle durchaus erwärmen. Mehr soll für mich nicht daraus werden, denn auch ein Farbtupfer am richtigen Fleck hat Schönheit, und wenn die Farbe echt ist, kann er jahrelang leuchten, ohne zu verblassen. Und das Gewebe ringsum kommt dadurch unter Umständen sogar noch prächtiger zur Geltung.

Unter dieser Bedingung, wie gesagt, - ja! Aber zum Spiel gehört, daß ich deine Frau nicht fragen kann. Wäre sie da, wärst du nicht hier, vor mir, nur durch die Wand getrennt, die in der Mitte eine Tür hat.

Ich weiß nicht, wie lange ihr schon verheiratet seid. Bestimmt schon mehr als dreißig Jahre. Soviele Jahre also wie der Altersunterschied zwischen uns beiden betragen könnte. Womit sich eine neue Schranke zwischen uns schiebt: Ich habe es nicht mit den Vätern. Und du bist schon Großvater. Nie hätte ich geahnt, daß man einen harmlosen Flirt so mißverstehen könnte. Muß es denn immer gleich bis zum Letzten gehen, dahin, wo der Spaß vielleicht schon wieder aufhört, der doch gerade erst angefangen hat, so richtig unterhaltsam zu werden.

Und wie, wenn das, um dessentwillen du da klopfst, so schön gar nicht wird, wie du dir jetzt ausmalst? Ist es dann gleich vorbei, oder gibst du uns noch eine neue Chance? Mein Mißtrauen ist auf der Hut, flüstert mir zu, daß es dann schrecklich werden könnte. Und daß unter Umständen mir die Schuld an dem Versagen zugeschoben werden könnte. Auch dies hat weitverzweigte Wurzeln. Es ist in unser beider Religionen grundgelegt und bei der Säkularisierung zu berichtigen vergessen worden.

Du siehst, es mangelt an Vertrauen, die Traditionen sprechen gegen uns. Du müßtest schon mit Engelszungen reden - und stehst doch stumm jenseits der Wand, genau wie ich.

Es ehrt dich, daß du nicht versuchst, die Klinke niederzudrücken. Die Freiheit, "nein" zu sagen, läßt du mir damit. Andere waren so zartfühlend nicht. Und haben ihre Spuren hinterlassen. Und jetzt kann ich auf Klopfzeichen hin die Spur nicht mehr so ohne weiteres wechseln. Wer einmal einen Unfall hatte, träumt noch jahrelang davon. Nur sind wir nicht daran gewöhnt, was Männer Frauen antun, so zu nennen. Die Narben müssen sich auch ohne Wundversorgung schließen. Die Krankenhäuser wären sonst überfüllt, und für die schlimmsten Fälle gibt es ja immer noch die geschlossene Anstalt - und Elektroschocks.

Du machst es mir nicht leicht, denn Eros hat mit seinen Pfeilen schon gespielt und, wie es seine Art ist, Durcheinander angerichtet. Doch hat Liebe mit Erkennen zu tun, und wir beide kennen uns so gut wie gar nicht. Wissen voneinander nur, was unsere Augen beim Tanzen preisgegeben, wenn sie sich gegenseitig zu durchdringen suchten.

Du bist nicht schön.

Nicht, daß es mir etwas ausmachte. Frauen haben lernen müssen, über vieles hinwegzusehen - und hinwegzuriechen. Wo kämen sie auch hin, wenn sie auf jedes Detail achten wollten: graue Haare, fettige Haare, falsche Haare, Billardkugel, Faltenfurchen, Doppelkinn, Pickelwülste, Rasierschrammen, Säbelbeine, kurze Beine, behaarte Beine - Brust und - Arme, Bierbäuche, Spitzbäuche, Stiernacken, Schweißgeruch, Mundgeruch, Alkoholdunst ... Natürlich nicht alles an einem Mann - das wäre monströs. So monströs, wie jedermänner sich den noch nicht ins Wort erfundenen jederfrauen eben manchmal zumuten. Haben sie etwa deshalb Angst vor dieser neuen Schöpfung, weil sie dann endlich ein Gegenüber hätten, das seine lahmgelegten Sinnesorgane nach langen Jahrhunderten der Abstinenz fraglos wieder in Gebrauch zu nehmen sich erlaubte?

Wirklich - wo kämen wir dann alle hin?

Dabei müßte den objektiv Beobachtenden doch aufgefallen sein, daß im Tierreich, auf das sie sich sonst so gerne berufen, vor allem wenn es gilt, das Recht des Stärkeren zu beschwören-, daß also im sogenannten "Reich der wilden Tiere" die Männchen das "schöne" Geschlecht darstellen. Gerade äußerlich. Und daß die Männchen von den Weibchen gewählt werden. Auch aus ästhetischen Gründen. Unangenehm, an die ganze Vergangenheit erinnert zu werden? Klar, Tiere wollt ihr nur sein, wo es euch paßt. Und deshalb tragt ihr nicht mal ein Mieder, um eure schwappenden Wampen dahinter zu straffen; und straft die mit Verachtung, die sich schöner machen wollen ...

Gut, daß Frauen mehr auf innere Werte schauen. Obwohl sie auch hier mehr auf Vermutungen zurückgworfen bleiben, wenn sie nicht gar mit ihren eigenen Phantasiegeschöpfen zum Stelldichein erscheinen. Wir zum Beispiel kennen uns ja auch so gut wie nicht. Das verweist mich auf meine Spekulationen - oder Erfahrungen. Und die sind alles andere als vielversprechend.

Daß deine Augen sprechen, verrät noch wenig. Und daß wir zumindest in einem schwerwiegenden Stand-Punkt anderer Meinung sind, ist doch wohl offensichtlich.

So sieht es also aus, wenn etwas zweifach wird und nicht mehr einfach so getan werden kann. Wer hätte das gedacht? Beinahe unmöglich scheint es, zueinander hinzufinden, sobald die alten Brücken und Geländer nichts mehr taugen, die sonst die Wege abzusichern schienen. Und alle Straßen, die aufs Ziel zulaufen, mit Mißverständnissen schon zugepflastert sind, bevor wir unsere ersten Schritte darauf setzen können. Wenn ich dich auserwählte (wozu du heut erst gar nicht die Gelegenheit mir läßt), müßte ich befürchten, aufdringlich zu wirken. Und lasse ich dich, wie es Brauch ist, für uns beide denken - und entscheiden - fühle ich mich übergangen. Keine Lust mehr. Ist nun alles aus?

Es klopft,

und zwischen uns ist eine Wand, in die auch deine Augen keine Löcher brennen werden, die unsere Blicke ineinandertauen lassen könnten. So wie beim Tanzen, wenn die Wand sich lichtet.

Ich möchte wieder mit dir tanzen,
und deshalb gerade
mußt du jetzt gehen.

Nachruf

Nein, als ich zu Neujahr die Bilder von der verhinderten Jerusalemer Friedensdemonstration im Fernsehen vor Augen hatte, da wußte ich, daß dieses Land mich noch lange nicht losgelassen hat. Als ich Menschen in den vertrauten Gewändern palästinischen Lebens schreiend und auf Bahren abtransportiert sah, spürte ich wohl, daß kein Panzerhemd der Welt mich geschützt hätte, auf's Neue überwältigt zu werden von Gefühlen, die ich seit langem schon für taub geworden hielt; und daß jeder Schuß, der einen Menschen trifft, an dessen Leben man - und sei es flüchtig nur - Anteil genommen haben könnte, ganz unerwartet dann im eigenen Herzen steckenbleibt. Und deutlicher denn je erfuhr ich so, daß man nicht ohne weiteres und immer wieder sich in ein Land hineinbegeben kann, ohne daß etwas von dem Pulsschlag seines Lebens auf einmal in den eigenen Adern kreist - - und bleibt; und daß das Andere unmerklich und zu einem Teil das Eigene werden kann, so man gewillt ist, es nur nah genug an sich heranzulassen.

Da muß ich in dir nun ausgerechnet noch der anderen Seite des Konflikts begegnen, um neuerdings mein Weltbild aufzubrechen, mich einzuladen über Grenzziehungen hinweg, die alles andere als nur politisch sind.

Doch macht es nicht die Tragik deines Volkes nur um so schärfer deutlich, daß du - obgleich von ähnlicher Natur wie die, die du bekämpfst - , sie nun auch doppelt hassen mußt? Und ist, was mich zu dir zieht, nicht gerade die Erinnerung an dieses Andere und Fremde, das mir - vertraut und nicht vertraut - zuerst begegnet ist bei denen, die du für deine Feinde halten mußt?

Und doch kommt mir durch dich die Not der anderen Seite wieder näher: die, die aus Angst den ersten Schritt nicht wagt; und die aus Angst nur Feinde sieht, weil sie die Grenze viel zu früh gezogen -, und sei es durch das eigene Herz.

Da träumst du von Vereinigung und denkst nicht daran, daß zwei Welten auch zu ferne voneinander liegen können und daß das Zauberwort noch nicht gefunden, das sie einander näherbringen könnte ...

Die Traditionen, die dich lehrten, Mann zu werden, die hab ich wohl am eigenen Leib erfahren. Sie haben auf die andere Seite wenig Rücksicht noch genommen. Wer an der Macht ist, macht, was ihm zur Seite als ein Gegenüber stehen will, nur allzu leicht zum Gegner. Und wenns die Liebe selber wäre, von der er sich umzingelt und verwundet glaubt.

Und Frieden bleibt solange nur ein anderes Wort für Krieg, wie es uns nicht gelingt, die andere Seite wenigstens an uns heran und manchmal auch durch uns hindurch zu lassen.

Die Autorin

Vera Zingsem, geboren 1954 in Mönchen-Gladbach, Diplomtheologin und freiberufliche Bildungsreferentin für Folkloretanz, Literatur und (feministische) Theologie/Religionswissenschaft. Lebt in Tübingen.

Im Rahmen des Theologiestudiums mehrmonatige Aufenthalte und ein Studienjahr in Israel.

Arbeit an einer Dissertation zum Thema "Bilder des Weiblichen in ihrem Einfluß auf die Ethik". Seit 1988 Mitglied der Initiative "Schreibende Frauen in Baden-Würtemberg". Veröffentlichungen in Anthologien und Zeitschriften. 1990 Stipendium des Förderkreises deutscher Schriftsteller in Baden-Würtemberg zur Fertigstellung eines Jugendbuches zum Thema "In Jerusalem ist alles anders". 1991 Mitherausgeberin der Anthologie "Beifall für Lilith" - Autorinnen über Gewalt (in Zusammenhang mit der Initiative "Schreibende Frauen in Baden-Würtemberg"). 1992 Aufnahme in die GEDOK Stuttgart.

Hinweis für Autor/innen

Das "Internationale Kulturwerk" hat es sich zur Aufgabe gesetzt, Texte und Literatur zu veröffentlichen, die sich auseinandersetzt mit der Unterdrückung von Menschen und der Gewalt der Machthabenden. Und die die Problematik des Nord-Süd Gefälles angeht, um diese überwinden zu helfen. Die Redaktion des Verlags entscheidet darüber, welche Texte veröffentlicht werden, wobei wir für unverlangt eingereichte Manuskripte keine Haftung übernehmen können. Berücksichtigen können wir nur Originalmanuskripte, die nicht schon an anderer Stelle eingereicht wurden. Abgelehnte Manuskript werden nur zurückgeschickt nach entsprechender Aufforderung und Zusendung von Porto.

Wir wollen Autor/innen eine Möglichkeit bieten, auf nicht-kommerzielle Weise ihre Werke einer Öffentlichkeit vorzustellen und damit einen Beitrag zur Schaffung einer weltegalitären Gesellschaft zu leisten.

Im Buchmarkt ist es schwer, mit unkonventionellen Methoden, sprich nicht-kommerzorientiert zu arbeiten und bekannt zu werden.

Durch unsere kontinuierliche und mühsame Arbeit ist uns dies trotzallem gelungen. Aber wir sind kein großer Verlag mit einer Marketingabteilung wie Rowohlt oder Fischer o.ä., so daß wir weiterhin auf Mundpropaganda angewiesen sind.

Wenn Ihnen also dies Buch und unsere Zielsetzung zusagt, empfehlen Sie es an ihre Freund/innen und Bekannte weiter. Wir bedanken uns für Ihre freundliche Unterstützung.

Literaturliste

Internationales Kulturwerk e.V.

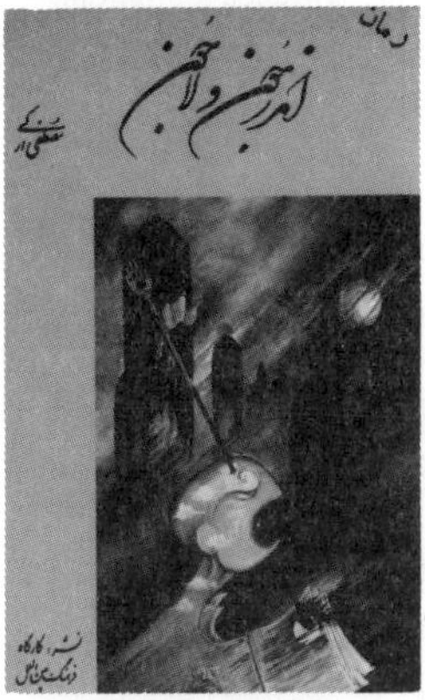

Arki, Mostafa
Fremd in der Heimat.
Roman.
(in Farssi geschrieben)
Titelbild von Nasser Gholipour- Ghalandari
Int. Kulturwerk, Hildesheim, 1990.
200 S., DM 13,-
ISBN 3-910069-01-0

Die Hauptfigur des Romans heißt Khourosh. Er kehrt aus seinem Exilland Bundesrepublik mit seiner deutschen Frau und seinem Kind in die Heimat zurück, um dort ein neues Leben zu beginnen.

Eine prägnante Darstellung des psychischen Zustands dieses Khourosh in Form eines spannenden Romans, der im 3. Jahrzehnt des 21. Jahrhunderts spielt überläßt die gesellschaftlich-politische Hauptfrage den anregenden Thesen.

Taghi- Khani, Jutta
Im Jahr des Tantalus.
Roman.
Int. Kulturwerk, Hildesheim, 1991.
312 S., DM 16,80
ISBN 3-910069-13-4

Vor dem Hintergrund der Iranischen Revolution im Jahre 1978 erzählt der Roman von einer Familie im Spannungsfeld zweier Kulturen. Er beschreibt die Zeit, in der die Sehnsucht des persischen Volkes zum Kampf gegen jahrtausende alte Unterdrückung aufrief, - wohl Veränderung bewirkte, nicht aber Freiheit.

..."Was willst du im Iran? Was treibt dich in dieses Land, in dem Frauen so gut wie nichts wert sind?" - "Weg will ich von euren nüchternen Vorstellungen, von eurer Hektik und eurer Vernunft. Ich möchte ganz leben, nicht immer Gefühle von mir abspalten müssen, als seien sie etwas Verwerfliches. Ich möchte die ganze und nicht die Halbe Vera leben!"

Hof, Annedore
Münevver.
Geschichten aus Anatolien.
Int. Kulturwerk, Hildesheim, 1991.
94 S., DM 12,80
ISBN 3-910069-14-2

Die Erzählung von Annedore Hof versetzt die LeserIn auf sehr einfühlsame Art und Weise in die Stimmung des anatolischen Hochlandes und ihrer Menschen. Zwischen dem anatolischen Nomadenmädchen Münevver und der 51- jährigen Sozialpädagogin und Soziologin entwickelt sich eine enge Verbundenheit.

Durch Geschichten und Fragmente schildert die Autorin die Erlebnisse während ihres jahrelangen Aufenthaltes bei Nomadenfamilien in der Türkei. Das Bild, das sie uns von den anatolischen Frauen zeichnet, ist beherrscht von deren Selbstbewußtsein, ihrer Würde und Wärme und der Anmut dieser Frauen, einer Anmut, die aus dem Herzen kommt.

Belletristik - Lyrik

Farochzad, Forugh
Nach der Euphorie.
Gedichte.
(Vorwort/ aus dem Pers. von M. Arki)
Zeichnungen/ Titelbild von Nasser Gholipur-Ghalandari.
Int. Kulturwerk, Hildesheim, 1989.
93 S., 13 Abb., DM 10,-
ISBN 3-910069-02-9

Die bereits mit 33 Jahren auf mysteriöse Art und Weise verstorbene Iranerin Forugh Farochzad wird die Stimme der Frau in der Gefangenschaft der Epochen genannt. Sie vermochte in ihrer Poesie das Leid und den Schmerz der Frau in ihrer Zeit zum Ausdruck zu bringen. Dies brachte ihr die Kritik islamischer und konservativer Kreise ein.

"...In jenem Zimmer, so groß wie die Einsamkeit betrachtete ich mit dem Herzen, so groß wie die Liebe die simplen Anlässe für mein Glück..."

Rahimi,Hamid
Wintersonnenwende.
Gedichte (zweisprachig).
(Vorwort und aus dem Pers. von M. Arki)
Titelbild Nasser Gholipour-Ghalandari, Zeichnungen von Elias (Irak).

Int. Kulturwerk, Hildesheim, 1989.
160 S., 18 Abb.,
8 Kalligraphien, DM 12,80
ISBN 3-910069-05-3

Gedichte aus dem Iran und Exilgedichte des zeitgenössischen, in Hamburg lebenden Dichters.

Das Leitmotiv aller Exilwerke ist der Gedanke der Interdependenz aller Menschen und Gesellschaften auf dieser Erdkugel.

Ausdruckstarke Bilder unterstreichen die metapherreichen Gedichte des Künstlers.

"...Und die Sonne purzelt wie ein Stück glühende Kohle in die Asche der Wolken. Und der Mond lugt wie jede Nacht über den Vorsprung der Mauer..."

Agha Asgari, Mirza
Persische Sinfonie.
Moderne Gedichte und eine Kindheit.
Umschlaggestaltung: Elke Möller
Int. Kulturwerk, Hildesheim, 1991.
70 S., DM 12,80
ISBN 3-910069-16-9

Ein außergewöhnlicher Gedichtband, verbunden mit der autobiografischen Darstellung einer Kindheit im Iran.

Der LeserIn aus dem europäischen Kulturkreis wird über dieses Konzept auf individuelle, wie auch einfühlsame Art und Weise der Zugang zur modernen persischen Dichtung ermöglicht.

Das Aufwachsen des jungen Mirza in materieller Armut, seine erste Begegnung mit der Liebe, seine Bemühungen, neben dem täglichen Geldverdienen zur Schule gehen zu können, und seine zunehmend kritische Haltung gegenüber dem Schahregime bis zur letztendlichen Flucht nach Deutschland prägen sein Leben und seine Gedichte.

"..Wenn ich nach mir suche
beuge ich mich
über gestorbene Stunden,
Pfeile der Erinnerung,
und über sterbende Worte.."
"...Ich wollte die schönste
Oase finden
als ich die Welt
- Wüste für Wüste -
bis zur Achse des
Wirbelwindes
durchreiste.
Nun spalte ich die verschiedenen Sprachen
- Gedicht für Gedicht -
und suche ein Wort,
das die Freiheit der Menschen ist..."

Belletristik - Lyrik/ Märchen

Schali, Y.K.
Meine Geliebte, die Erde. Und einige andere Gedichte
(in Farssi geschrieben)
Titelbild von Alireza Gerannazar
80 S.,DM 6,-
ISBN 3-910069-12-6

Y. K. Schali lebt seit 6 Jahren in der BRD und verbringt sein Exil in einer westfälischen Kleinstadt nahe der holländischen Grenze. Mit "Meine Geliebte, die Erde" ist das erste Buch des iranischen Dichters beim IKW erschienen. Er hat bereits zwei persische Gedichtbände in Deutschland veröffentlicht. In dem vorliegenden Gedichtband setzt sich Schali mit der Liebe und Sehnsucht auseinander, der eigenen menschlichen Entwicklung und philosophischen Fragestellungen.

Behranghi, Samad
Der kleine schwarze Fisch. Fabel.
Zeichnungen von Nasser Gholipur- Ghalandari.
Int. Kulturwerk, Hildesheim, 1984.
30 S., 8 Abb., DM 5,-
ISBN 3-910069-03-7

Sein Aufwachsen in Armut sensibilisierten den bekannten, mit 30 Jahren während Schah- Zeiten umgekommen persischen Märchenerzähler für die Ungerechtigkeiten des diktatorischen Regimes. Ein Gelehrter bemerkte zu seinen Erzählungen: "Seine Werke sind für Kinder geschrieben, aber die Erwachsenen sollen daraus lernen!"

Das vorliegende Werk ist sein berühmtestes geworden und erlangte den 1. Preis der Buchmesse in Bratislava/ Tschechoslowakei 1969, sowie der Buchmesse in Bologna/ Italien 1969.

Behranghi, Samad
Talkhun. Märchen.
(neue Übersetzung M. Arki)
Titelbild von Alireza Gerannazar, Zeichnungen von Gaby Erlinspiel
Int.Kulturwerk, Hildesheim, 1992
66 S., 12 Abb., DM 8,-
ISBN 3-910069-11-8

Ein junges Mädchen will seinen eigenen Weg finden. Es verläßt seinen Vater und die Schwestern, die nichts anderes im Kopf haben als ihre Männer, und ein angenehmes Leben.
Sie lernt einen jungen Mann kennen und verliebt sich. Aber der Junge verunglückt und Talkhun zieht in die Welt, um ein Mittel zu

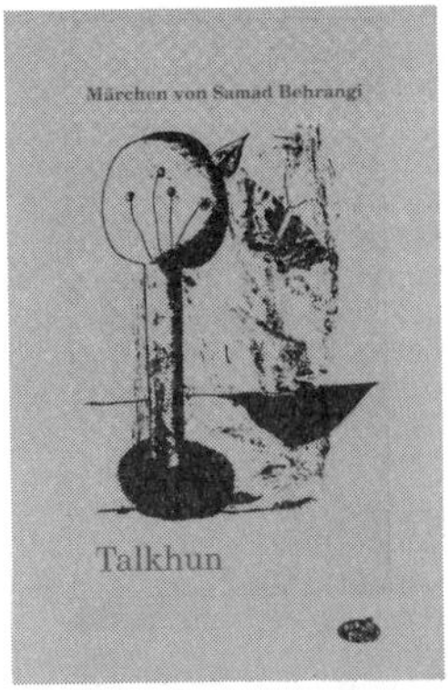

finden, ihn zu retten. Dabei erlebt sie Ungerechtigkeit und hilft anderen, diese zu überwinden, lernt, sich selber zu helfen. Aber wird sie auch das finden, wonach sie sucht?

"Ihr habt die Heilung Eurer Schmerzen gefunden. Ich fühle auch einen Schmerz und muß gehen, um Heilung dafür zu finden."

Versch. AutorInnen
Ergebnisse des Bückeburger Seminars (auf Farssi).
Int. Kulturwerk, Hildesheim, 1987.
100 S., DM 4,-
Unterschiedliche linksorientierte persische Organisationen äußern sich über die politischen Verhältnisse im Iran.

Wer ist das Internationale Kulturwerk?

Kulturelle Grenzen gegenseitig durchwandern...

Das Internationale Kulturwerk ist 1985 als eingetragener gemeinnütziger Verein gegründet worden und hat sich zur Aufgabe gesetzt, die **Entwicklung einer Interkulturellen Gesellschaft** zu fördern im Sinne eines besseren Verständnisses und gegenseitiger Toleranz der hier einander konfrontierten Kulturen. Die **Unabhängigkeit von jeglichen politischen oder kirchlichen Gruppierungen** ist uns dabei sehr wichtig.

Durch praktische Flüchtlingsarbeit entstand das Bedürfnis, mit unseren Erfahrungen an eine breitere Öffentlichkeit zu treten, wobei uns das Medium Literatur am meisten geeignet scheint. Wir möchten daher AutorInnen und KünstlerInnen die Möglichkeit bieten, ihre Werke zu veröffentlichen, die eine bessere internationale Verständigung zum Ziel haben.

Auf der einen Seite versuchen wir durch verschiedene Publikationen **die. Problematiken der sogenannten "Entwicklungsländer" und die damit eng zusammenhängende Flüchtlingsproblematik** von verschiedenen Seiten (wie beispielsweise frauenspezifische Probleme) zu betrachten. Dabei sind wir um verschiedene Sichtweisen unterschiedlicher AutorInnen bemüht.

Zum anderen denken wir, daß die Entwicklung der Interkulturalität nicht nur durch politische Abhandlungen gefördert wird, sondern auch durch ein **gegenseitiges Durchwandern der kulturellen Grenzen**: in Form von Kennenlernen einer "anderen" Kunst mit Hilfe von Übersetzungen ins Deutsche und umgekehrt (Dichtung, Malerei, Märchenfür Kinder u.für Erwachsene, Erzählungen, Romane...), durch subjektive Erfahrungsberichte von und mit Flüchtlingen, oder auch durch das Erlernen anderer Sprachen als Schlüssel zur anderen Kultur.

Des Weiteren beteiligen wir uns an der Vorbereitung und Durchführung von **Lesungen, Aufführungen, Diskussionsveranstaltungen und Ausstellungen** mit unseren AutorInnen und KünstlerInnen.

Die Hauptgeschäftsstelle befindet sich in **Hildesheim**.

Aktive Mitglieder unterschiedlicher Herkunft gibt es im **gesamten Bundesgebiet** und im angrenzenden Ausland. Wir arbeiten überwiegend **nebenberuflich**, sodaß eine sehr breite Fächerung der Sichtweisen möglich ist. Das IKW finanziert die Neuerscheinungen durch die **Einnahmen bereits erschienener Bücher** sowie mit Hilfe von Spenden.

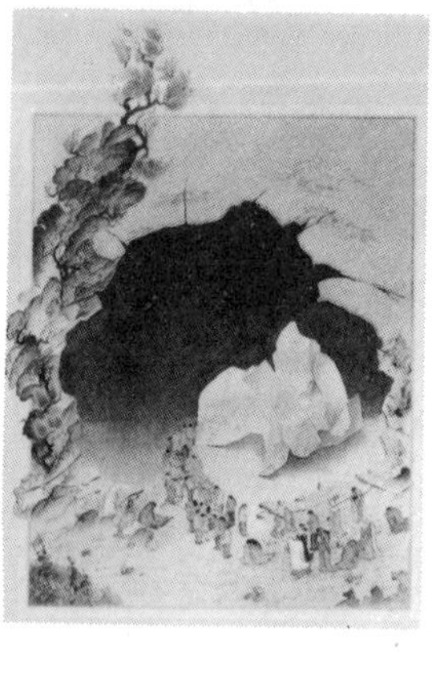

"Bewegung".
N. Gholipur- Ghalandari
Stück DM 1,50
Einfach- KK.
(mit einem Gedicht von Said, zweisprachig)

"Wandlung"
M. Sabzi
Stück DM 1,80
Doppelt- KK.
(mit einem Gedicht von H. R. Rahimi, zweisprachig)

DM 4,- Poster
- Abb. siehe "Belletristik - Lyrik/ Märchen", re. unten -

Hauptgeschäftsstelle:

Internationales Kulturwerk e.V.
Kirchstr. 38
3200 Hildesheim- Achtum
Tel., Fax.: 05121/12603

Auslieferung:

Ulrike Wortmann
Kollenrodtstr.54
3000 Hannover 1
Tel.: 0511/661772

Barsortiment BRD:
Georg Lingenbrink (libri)
Koch, Neff & Oetinger
Koehler & Volckmar

Stand: 10. April 1992

Arki, Mostafa
Lehrbuch Deutsch - Farssi. Für Interessierte beider Sprachen.
Titelbild von Alireza Gerannazar
Zeichnungen: SchülerInnen der Anne- Frank- Schule Hildesheim.
Int. Kulturwerk, Hildesheim, 1990.
114 S., 28 Abb., DM 15,-
ISBN 3-910069-06-1

Dieses unkonventionelle und liebevoll gestaltete Lehrbuch soll einen Beitrag leisten für eine zukünftige interkulturelle Gesellschaft. Denn das tägliche Miteinander, die Konversation und damit verbunden der persönliche Kontakt unter den Menschen spielen dabei eine wichtige Rolle.

"Laßt uns daher die Sprache eines Landes lernen, damit wir uns mit den Menschen unterhalten können, eintauchen können in ihre Kultur, ihre Freuden, aber auch ihre Sorgen und Nöte verstehen lernen. Erst dann haben wir das koloniale Zeitalter überwunden. Denn, wie bekannt, ist die Sprache der Schlüssel der Kultur, und wenn wir den Anspruch haben, aus der Konfrontation mit nichtdeutschen Kulturen eine Bereicherung zu erfahren, so ist die Sprache dabei ein wesentlicher Faktor."

demnächst wird erscheinen:

Märker, Heinz J.
Atacoma - oder Der Flötenspieler in der Wüste
(Roman aus Chile)

Zingsem, Vera
Im Schatten des Olivenbaumes
(Erzählungen aus Palästina)

Falaki, Mahmood
Märchen
(aus dem Iran)

Bassiri, Nasrin
Nicht ohne die Schleier des Vorurteils.
(Kritische Anmerkungen einer iranische Frauenrechtlerin zu Betty Mahmoodys Buch; in Farssi geschrieben)

Maleki, Nahid
Erzählungen über iranische Frauen

Pisu, Alida (Hrsg.)
Auf einem Auge blind zu sein ist auf einem Auge sehen.

"Da wo man nicht fremd sein kann, gibt es keine Freiheit." (Udo Knapp)

"Die Deutschen sind jetzt das glücklichste Volk der Welt" (Walter Momper)

ARKADEN
Interkulturelle Zeitschrift

erscheint viermonatlich
Abonnement DM 33,- (incl. Porto)
Int. Kulturwerk, Hildesheim
ISSN 0941-3499

Heft 1 (Febr.'92): Deutsch-deutsche Begegnung
60 S., 16 Fotos, 14 Grafiken, DM 11,-
ISBN 3-910069-20-7

Heft 2 (Juli'92): Ausländische Patientinnen
ca. 100 S., DM 11,-
ISBN 3-910069-21-5

Nun ist sie geboren, die Zeitschrift ARKADEN, in der wir mit einem völlig neuartigen Konzept auf unterschiedlichsten Ebenen die wichtigen theoretischen Auseinandersetzungen anbieten möchten, der anwachsenden Kluft zwischen den Kulturen entgegenzutreten.

Titel, wie *"Fremde im eigenen Land"*, *"Kultur des Miteinanders"* oder *"Das Sexuelle in der deutsche-deutschen Vereinigung"*, lassen die anregende wie vielseitige Lektüre erahnen. Eines der charakteristischen Merkmale ist der Interkulturelle Fragebogen, in dem Persönlichkeiten aus dem politischen Umfeld der BRD Stellung beziehen:

"Welches Gewand (Tracht) fremder Kulturen trügen Sie gern?" - "Den Tschador" (Daniel Cohn-Bendit).

Belletristik - Märchen/ Kinder

Behranghi, Samad
24 Stunden Traum und Wirklichkeit.
Zeichnungen/ Titelbild von Nasser Gholipur- Ghalandari.
Int. Kulturwerk, Hildesheim, 1987.
49 S., 12 Abb., DM 6,-
ISBN 3-910069-09-6

"...Lieber Leser, liebe Leserin! Die Geschichte "24 Stunden Traum und Wirklichkeit" habe ich nicht geschrieben, damit sie dir als irgendeine Lehre erscheint. Mein Zweck besteht vielmehr darin, daß du die Kinder in deinem Lande besser kennenlernst und dir Gedanken machst, wie du ihnen helfen kannst..."

Die Erlebnisse in der Fantasie und aus der Perspektive eines armen Jungen in Teheran zwischen Traum und Wirklichkeit mit der Schlüsselfigur eines Spielzeugkamels.

Behranghi, Samad
Ein Pfirsich, tausend Pfirsiche. Märchen.
(neue Übersetzung M. Arki)
Zeichnungen/ Titelbild von Almut Krisko.
Int. Kulturwerk, Hildesheim, 1989.
41 S., 11 Abb., DM 6,-
ISBN 3-910069-07-X

Dies Märchen erzählt in spannender Form die Geschichte der Freundschaft zwischen zwei Jungen in einem aserbeidjanischen Dorf. Geschildert werden auch die ungerechten Verhältnisse dort.

In dieser Ebene vermittelt die Erzählung subtil die Intention an den erwachsenen Leser oder Zuhörer, wobei die Darstellung immer kindgerecht bleibt.

Djoun, Maryam
Der Granatapfelbaum. Erzählung
Zeichnungen Serge Mustu
Int. Kulturwerk, Hildesheim, 1992
155 S., 16 Abb., DM 15,-
ISBN 3-910069-19-3

Vor allem junge LeserInnen werden in die Welt einer iranischen Familie geführt, die vor dem Mullahregime in das kalte Deutschland flüchten muß.

Maryam Djoun ist als Tochter binationaler Eltern in Hamburg aufgewachsen. Durch die direkte Betroffenheit der Autorin, auch aufgrund ihrer Erfahrungen einer Heirat eines Kurden als 17-Jährige, erlebt die LeserIn in dieser Erzählung hautnah die Mißstände bezüglich der Situation der in der Bundesrepublik lebenden Flüchtlinge. Sie regt damit auch Erwachsene zum Nachdenken und Handeln an.

Versch. AutorInnen
Reader zum 10. Bundeskongress der ImmigrantInnen- und Flüchtlingsbewegung
Zeichnungen/ Titelbild von Nasser Gholipour-Ghalandari
Int. Kulturwerk, Hildesheim, 1990
89 S., 7 Abb., DM 6,-

"In einer Umbruchsituation, die nach außen gekennzeichnet ist von weltweiten Flüchtlingsbewegungen und dem Verfall des sowjetischen Machtbereichs und nach innen durch zunehmende soziale Verunsicherung eines Teils der Bevölkerung, verstärkt durch Europa'93 und deutsch-deutsche Veränderungen, besteht die Gefahr, daß nach bewährtem Muster die Schuldigen für soziale Lasten wie hohe Mieten, niedrige Löhne, sinkende Sozialleistungen usw. schnell ausgemacht sind."

Sachbuch - Iran/ Islam

Arki, Mostafa
Iran- Irak. 8 Jahre Krieg im Nahen Osten.
Zeichnungen/ Titelbild von Nasser Gholipour-Ghalandari.
VWB, Berlin, 1989.
280 S., 28 Abb., DM 19,80
ISBN 3-927408-10-7

Das Buch ist das Ergebnis der langjährigen Beschäftigung des Autors mit der Geschichte seines Heimatlandes Iran und des Islam und ist gerade im Hinblick auf die Geschehnisse in jüngster Zeit wieder hochaktuell. Es beinhaltet eine Abhandlung der historischen Grundlagen für die Islamische Republik Iran, die Beschreibung des Krieges und seiner im Hintergrund stehenden Denkstrukturen, die zum großen Teil übertragbar auf die Verhältnisse im Irak sind. Es werden detailierte Informationen über die Waffengeschäfte von Industrieländern mit Iran und Irak gegeben.

Der Autor versucht, eine gerade für Europäer interessante kritische Auseinandersetzung mit dem durch Opferbereitschaft geprägten Bewußtsein seiner Landsleute anzubieten. Die daran entwickelten Thesen reizen zum Nachdenken und sind es wert, diskutiert zu werden.

Arki, Mostafa
Apokalypse und Revolution.
(Vorwort Ulrich Räbiger)
Int. Kulturwerk, Hildesheim, 1985.
132 S., 12 Abb.,DM 16,80,-
ISBN 3-910069-00-2

Wenn EuropäerInnen vom Iran sprechen, so verbinden sie sehr schnell die Begriffe "Fanatismus" und "Opferbereitschaft" mit den Geschehnissen, die sich gegenwärtig im Iran zeigen. In erschreckender Weise aktualisiert hat sich die Thematik durch den Golfkrieg '91.

Die Entstehungsgeschichte dieses kollektiven Bewußtseins, seine religiös-mythischen Wurzeln werden in diesem Buch beschrieben und untersucht. Der Autor geht darüber hinaus der Frage nach, ob und wo sich ähnliche massenpsychologische Phänomene in fortschrittlichen abendländischen Gruppen finden, am Beispiel der christlichen Friedensbewegung und der These Rudolf Bahros.

Arki, Mostafa
Das Andere anders sein lassen.
Bikulturelle Partnerschaft.
Kritische Anmerkungen zu Betty Mahmoody's Buch "Nicht ohne meine Tochter".
Umschlagentwurf: Alireza Gerannazar
Int. Kulturwerk, Hildesheim, 1990.
86 S., DM 9,-
ISBN 3-910069-10-X

Betty Mahmoody`s Buch stellt eine verschleiernde Vermischung von subjektivem Erleben und absolutem Wahrheitsanspruch dar. Damit fällt es in der momentanen gesellschaftlichen Stimmung mit seiner pauschalen Verurteilung orientalischer Kultur auf fruchtbaren Boden.Dem möchte dieses Buch entgegnen:

- Bikulturelle Partnerschaft ist ein realer Ansatz für Interkulturalität
- Kultur des Iran und Islam sind zweierlei Dinge
- Kritische Anmerkungen.zu Betty Mahmoody's Buch

Es wird deutlich, daß die Arroganz der westlichen Welt gegenüber der Kultur des Orients jeglicher Grundlage entbehrt.

Kunst

Gerannazar, Alireza
Gedankenwandel. Grafiken.
Vorwort von D. Cordes-Vollert, Hamburg/ M. Arki, Hildesheim
(jeweils Deutsch/ Farssi)
Int. Kulturwerk, Hildesheim, 1992
60 Kunstgrafiken,
170 S., DM 39,80
ISBN 3-910069-18-5

"Ein Wort ist wie eine Schale, die wir mit unseren Empfindungen und Assoziationen füllen. Auch jede Grafik des Iraners Gerannazar ist so eine Schale... Die alte Tradition der Miniaturen und kunstvollen persischen Kalligrafien nutzt er wie ein Geschichtenerzähler."

"...Und ist es nicht genau das, was die humane Malerei von der Fotografie abhebt - ihre Distanz von der Industrie, von der Technik, die sich in der gemalten Blüte wiederspiegelt, die wir meinen riechen zu können, im Fehlen jeder Sensation?"

Dieser Kunstband des im Exil in der Bundesrepublik lebenden iranischen Grafikers legt eine Übersicht über 20 Jahre Schaffens vor und wird durch die in ihm sichtbare Entwicklung zu einem Portrait des Künstlers. (siehe Abb. li. unten und re. oben)

Kunstkarten/Poster:

"Europa '92".
N. Gholipur- Ghalandari
Stück DM 1,80
Doppelt- KK.
(mit einem Gedicht von H. R. Rahimi, zweisprachig)

DM 4,- Poster
- Abb. siehe oben -

"Flüchtlinge".
M. Sabzi
Stück DM 1,80
Doppelt-KK.
(mit einem Gedicht von H. R. Rahimi)
- Abb. siehe unter "Wer ist das IKW?", re. oben-

"Ein Stück Geschichte"
E. Namo
Stück DM 1,80
Doppelt- KK.
(mit einem Gedicht von M. Arki, zweisprachig)

"Verleugneter Rassismus"
A. Gerannazar
DM 3,- Poster

Bei Abnahme von mindestens 10 Karten:
Einfach- KK. DM 10,-,
Doppelt- KK. DM 12,-

Sachbuch - Frauen

Versch. AutorInnen
Kein Ort nirgends. Frauen und Exil.
Zeichnungen/ Titelbild von Nasser Gholipur- Ghalandari.
Int. Kulturwerk, Hildesheim, 1988.
90 S., 13 Abb., DM 13,80
ISBN 3-910069-04-5

8 Artikel von AutorInnen (davon 2 Männer) mit subjektiven Erfahrungen als Flüchtlinge aus dem Iran bzw. von oder mit hier im Exil lebenden Iranern.

Artikel wie "...und wenn der manngemachte Seidenkokon zerreißt", "Ist der Koran frauenfeindlich ?", "HERR-schaft(s)wandel der Gefühle", oder "Der König aus dem Morgenland" lassen sehr unterschiedliche Sichtweisen erahnen. Die 8 Gedichte von iranischen DichterInnen wecken zusätzlich das Interesse, sich mit dieser Kultur näher zu befassen und machen die Lektüre des Buches zu einem besonderen Erlebnis.

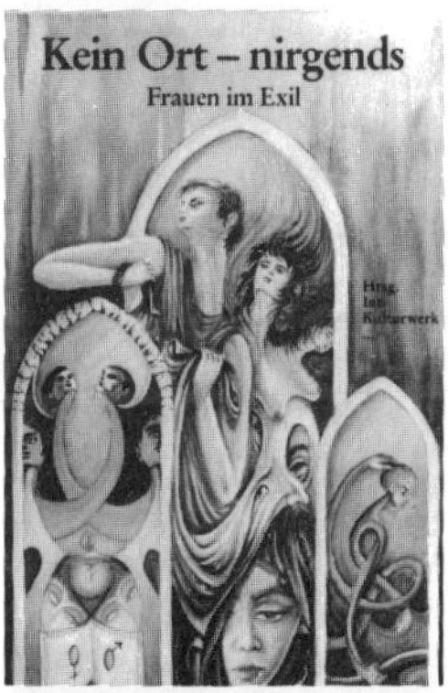

Versch. AutorInnen
Verrückte Welten. Rationale Solidarität. Frauen und Exil.
Zeichnungen/ Titelbild: Künstlerhaus Doris Cordes-Vollert, Hamburg.

Int. Kulturwerk, Hildesheim, 1990.
200 S., 10 Abb., DM 15,-
ISBN 3-910069-08-8

Artikel von Autorinnen aus Sri Lanka, Guinea, der Türkei, Griechenland, der Schweiz und der Bundesrepublik.

In Deutschland leben ca. 300 000 Frauen, die aus politischen Gründen, wie auch aus sexistischer Verfolgung und Folter aus ihrer Heimat geflohen sind.

"...besonders hart ist es, wenn wir dazu noch als Frauen eines unterentwickelt gehaltenen Landes einen "Geschlechtsrassismus" zu spüren bekommen. Für viele, selbst progressiv denkende Deutsche, sind wir die dummen, unterwürfigen Frauen, die ihre Entscheidungen ohne ihren Mann gar nicht treffen können..."

Eine künftige Zusammenarbeit von Frauen verschiedener Nationalitäten sollte sich nicht mehr durch Bevormundung auszeichnen, sondern vielmehr zu einem gegenseitigen Verständnis und zur Akzeptanz der unterschiedlichen Kulturen führen. Dieses Buch soll dafür neue Denkanstöße geben.

Versch. AutorInnen
Der Schleier des Unbekannten fällt.
Erfahrungsberichte europäischer Frauen mit ihren iranischen Lebenspartnern.
Titelbild: Alireza Gerannazar
Int. Kulturwerk, Hildesheim, 1991.
91 S., DM 12,80
ISBN 3-910069-15-0

Eine bisher einzigartige Sammlung von Beiträgen 13 deutscher Frauen, im Alter zwischen 20 und 41 Jahren, die mit einem iranischen Partner zusammenleben.

Es werden Spannungen beschrieben, die entstehen durch die andere Kultur oder aber aufgrund der jeweiligen individuellen Persönlichkeit. Auf der anderen Seite wird die LeserIn eingenommen von den möglichen Bereicherungen einer bikulturellen Partnerschaft "auf dem Weg zur gemeinsamen Menschwerdung".

Interessante Informationen über Reisen in den Iran lassen dies Buch zu einer wertvollen Hilfe für andere bikulturelle Paare und zu einer bereichernden Informationsquelle für die interessierte LeserIn werden.

Unsere Neuerscheinung

Arki, Mostafa
Reiseepisoden durch Deutschland.
(jetziger Arbeitstitel)
Erscheinungstermin Mai'92
Titelbild von Alireza Gerannazar
ca. 500 S.
ISBN 3-910069-17-7

In 10 fesselnden Episoden, eingebettet in Rahmenhandlungen beschreibt der iranische Soziologe und Bestsellerautor Mostafa Arki scharfsinnig Begegnungen und Gespräche während seiner Reisen: auf deutschen Straßen, mit Menschen auf dem Bahnhof oder während der Diskussionen mit seinen VeranstalterInnen bzw. GastgeberInnen. Dabei benutzt er die wissenschaftliche Sprache bewußt sparsam.

Ergebnisse der mehr als 120 Veranstaltungen und Begegnungen mit über 50.000 Interessierten seiner Werke werden zur Diskussion gestellt. Bereichert wird die Vielschichtigkeit dieser Veröffentlichung durch die Wiedergabe der Traditionen und Sitten verschiedener Provinzen Deutschlands. Miteinbezogen werden aktuelle politische Geschehnisse, insbesondere die Angriffe des kältesten deutschen Herbstes, während dessen Flüchtlingsunterkünfte in Brand gesteckt werden.

Arki läßt Erfahrungen und Erlebnisse seiner 23 Jahre im Iran und 18 Jahre in Deutschland Revue passieren und bietet der LeserIn hochinteressante Einblicke in seine Kultur.

Die Geschichten, die er lebendig beschreibt, wecken Wut, machen Angst, sind aber auch attraktiv, informativ und lustvoll. Sie lassen die LeserInnen - neben Betroffenheit und Trauer - sich bei einem befreienden Lachen erholen. Thematisiert werden - auch in Form von Anekdoten - Christentum, Islam und die Vor- und Nachteile von mono- und bikulturellen Partnerschaften und ihre Bedeutung für diese Gesellschaft.

Die persönliche Betroffenheit des Autors während dieser Reisen wird zu einer der spannendsten Fragen und bereichert das Buch um eine subjektive, menschliche Ebene.

Wir möchten die Lektüre dieses Buches den Menschen wärmstens ans Herz legen, die eine friedvolle Koexistenz der Kulturen nicht nur in dieser Gesellschaft, sondern auf der ganzen Welt fördern möchten